SAINTS DES TEMPS BARBARES

SÉRIE 22

N° 2240

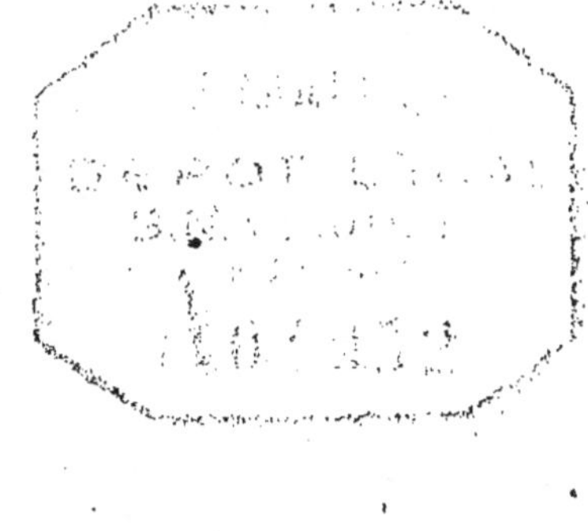

Désormais Clotilde n'est plus à sa mère, n'est plus à ses oncles,
n'est plus à son peuple.

SAINTS

DES

TEMPS BARBARES

PAR

J. GUILLEMIN

TOURS

MAISON ALFRED MAME ET FILS

INTRODUCTION

LE HAUT MOYEN AGE

La période qui s'étend de la chute de l'Empire d'Occident (476) à l'an mil est une longue série de drames : drames nationaux, drames religieux, drames domestiques, s'y mêlent, s'y heurtent, s'y superposent, s'y entrecroisent. Guerres civiles, invasions étrangères, dernières convulsions des ariens refoulés et vaincus par le catholicisme; rois corrompus par le vice qui n'ont plus de *chefs* que le nom, et que l'on désigne en bloc sous le nom de rois fainéants; Arabes inondant notre territoire libéré en 732 par un maire du palais; disparition des Mérovingiens, éclat insoutenable de l'œuvre de Charlemagne, hélas! sans lendemain, mais dont le rayonnement illuminera tout le moyen âge; notre pays disputé par les Normands, les Hongrois, les Sarrasins, les Slaves; un désordre, un bouleversement qui semblent précéder la fin du monde, attendue pour l'an mil... Quel sombre tableau! Quelle épopée d'enfer!... Non, car une ardente et pure lumière plane sur ces horreurs, car nulle époque ne fut plus prodigue de saints.

Clotilde, femme de Clovis, ouvre glorieusement cette période convulsée; les fondateurs de Cluny et de l'hospice du Grand-Saint-Bernard jettent une grande flamme dans ce qu'on appela « la nuit du xᵉ siècle ». Les invasions du vᵉ siècle trouvent une Gaule opulente, couverte de villes et de monuments romains. Les invasions du ixᵉ n'ont rien à détruire : du monde antique, il ne reste que des ruines *mortes*. Devant le Normand, le Hongrois, le Sarrasin, s'élèvent l'imprenable donjon, germe de la société nouvelle, le clocher, rempart de la civilisation.

Cette tragique période est semblable à la fournaise où l'on précipite le minerai, souillé mais renfermant le métal précieux... Qu'en sort-il? De l'or pur.

Que sortira-t-il du bouleversement de cinq siècles? La cathédrale française, le chevalier français, Godefroy de Bouillon ou saint Louis, la splendeur du catholicisme, l'unité de la France!

SAINTE CLOTILDE (474-545)

> « Je vous envoie comme des agneaux
> parmi les loups. »

I

Elle est fille de roi, première née de l'union de Chilpéric, chef des Burgondes, et de Carétène.

Les Burgondes, depuis bientôt quarante ans, ont fui les bords du Rhin sous la poussée d'Attila et des Huns. Fugitifs et conquérants tout à la fois, ils ont franchi le Jura, descendu la Saône, le Rhône. L'Empire a compté avec eux, et désormais Chilpéric et ses frères règnent depuis les confins de la Champagne jusqu'à Avignon : les Alpes et les Cévennes limitent leur royaume ; Wisigoths et Italiens sont leurs voisins. La menace franque ne pèse pas encore au nord sur la Burgondie. Chilpéric est roi à Lyon ; sa femme est catholique, ses deux filles seront catholiques.

Les Burgondes étaient alors les moins barbares d'entre les Barbares ; des évêques, célèbres par leurs talents littéraires comme par leurs vertus, fréquentaient la cour de Lyon. Clotilde et sa sœur y rencontraient saint Sidoine Apollinaire, évêque de Clermont, et surtout saint Avit, évêque de Vienne, l'une des plus grandes figures de l'épiscopat gaulois, Avit, l'ami des premiers moines, des premiers ermites, Avit, toujours intrépide, toujours prêt pour plaider et défendre près des rois la cause de l'Église.

L'enfance de Clotilde se passa à Lyon, où vibrait encore le souvenir de saint Pothin et de saint Irénée, ses premiers évêques martyrs, et surtout la mémoire de sainte Blandine, la pauvre esclave dont nul supplice ne put avoir raison.

Elle avait environ seize ans lorsque mourut son père Chilpéric, qui ne laissait pas de fils. La Burgondie remaniée fut partagée entre les deux frères du défunt roi. Gondebaud, arien, eut Lyon pour capitale; Godégésil, probablement catholique, régna à Genève. Carétène et ses filles l'y suivirent.

On ne sait que peu de choses sur la vie de Clotilde à Genève. A seize ans, c'était déjà une jeune fille; sa beauté grave était célèbre. Voyez-la, grande, mince, ses longs cheveux nattés tombant sur ses épaules, un voile couvrant sa tête sans cacher son visage. Elle passe avec sa mère et sa sœur Sédéleube dans les rues de Genève, non point une Genève telle que vous la connaissez peut-être, mais un mélange de villas et de palais, de ruelles étroites, de masures branlantes, de riches églises. Genève n'était point alors un des carrefours du monde, mais dans ce temps-là comme aujourd'hui une riche plaine s'étendait près d'elle, traversée par le Rhône encore sauvage; un lac aux eaux profondes baignait les quais où attendaient les bateaux aux voiles croisées; un îlot abritait l'entrée du port; dans ce temps-là comme maintenant, des vols de mouettes blanches et grises s'abattaient sur les eaux. Peut-être Clotilde nourrissait-elle quelque cygne effarouché, apporté du nord par une tempête. Une colline dominait, futur siège de la cathédrale et de l'Université; et là-bas, un peu au sud, le Mont-Blanc, inviolé, projetait le rayonnement de sa neige immaculée sur la pure et sainte enfant.

Deux années de paix se passent, remplies par la prière et les devoirs de charité, véritable retraite avant que Clotilde marche vers ses destinées. Mais Carétène et ses filles n'en sont pas moins princesses : le palais de Godégésil les voit en maintes occasions; elles paraissent dans toutes les solennités, toutes les fêtes. Puis Sédéleube disparaît de la cour : à peine arrivée à la jeunesse, elle se consacre à Dieu, prend le voile et s'ensevelit à jamais dans un cloître. Ce départ resserra encore les liens qui unissaient la veuve à l'unique enfant qui lui restât. Hélas! Clotilde devait bientôt, elle aussi, partir pour vivre sa vie, sa vie glorieuse et douloureuse, quitter pour toujours et sa mère et Genève.

De grands intérêts, des questions de la plus haute importance s'agitaient alors au nord de la Gaule. Clovis, roi des Francs, avait soumis le pays entre l'Escaut et l'Aisne. Il avait vaincu définitivement les débris de la puissance romaine; les évêques reconnaissaient comme seigneur ce chef païen qui les protégeait et empêchait ses hordes de molester les chrétiens. Rémi, évêque de Reims, s'autorisait de la jeunesse du chef des Francs pour risquer quelques conseils, toujours accueillis avec déférence. Tous sentaient que Clovis tenait entre ses mains la destinée de la Gaule. Ce grand pays catholique allait-il donc devenir la proie des Francs païens? Et si, par miracle, il leur échappait, ce serait, situation pire encore, pour tomber sous la domination des Wisigoths ou des Burgondes ariens?

Non, à la Gaule catholique, il fallait un roi catholique! Et pour que Clovis, adorateur d'Odin, vînt au catholicisme, il lui fallait une épouse catholique. « La femme fidèle sera le salut de l'époux infidèle, » a dit saint Paul.

Qui pourra jamais dire pourquoi Clovis désira épouser Clotilde, la *seule* princesse catholique de Gaule?

Carétène, encore toute endolorie du départ de Sédéleube, mais fière en même temps d'avoir donné sa fille à l'Église, prêtait encore moins d'attention que par le passé aux bruits du dehors. Que lui importait qu'une ambassade solennelle, envoyée par le roi païen des Francs, fût annoncée à Godégésil? Que des guerriers d'allure barbare, aux yeux clairs, aux cheveux noués sur la tête, au langage rude, fussent reçus avec honneur par le roi?

Il importait beaucoup, cependant. Dans sa discrète, mais royale retraite, Carétène est prévenue que les seigneurs francs viennent demander en grande cérémonie la main de la princesse Clotilde pour leur maître, le très glorieux roi Clovis, le vainqueur de Syagrius, le conquérant de la Belgique.

Le messager que Godégésil a envoyé à sa belle-sœur ne cache pas que le roi est fier de la démarche du chef franc. Ce prince belliqueux recherche l'alliance des Burgondes : Clotilde sera le gage d'une paix fraternelle entre les deux peuples ; elle régnera sur une nation fière et vaillante, païenne, c'est vrai, mais aussi sur les Gaulois catholiques. Clotilde et Carétène restent profondément troublées par ce message. Pour elles, l'intérêt politique du mariage projeté est négligeable ; la question de vanité, d'orgueil, d'ambition, ne touche même pas les deux saintes femmes ; elles ne voient qu'une chose : Clovis est païen ! Est-ce donc pour la voir auprès d'un sauvage adorateur du Walhalla que Carétène a inculqué à sa fille l'amour du Christ, la vénération des saints martyrs de Lyon, qu'elle l'a tenue à l'écart des dangers de la cour de Chilpéric comme de celle de Godégésil ?

Clotilde frissonne, elle a peur ; elle sait qu'elle est belle, mais que pèse la beauté aux yeux de Dieu ? Elle sera reine, elle sera puissante, elle sera riche... Qu'importent ces biens en regard de son salut ? Elle sera aimée... Ah ! c'est le pire de tout ! Aimer un époux, être aimée d'un époux qui ne peut vous suivre au Paradis !

Les pauvres femmes ne se décident pas à prononcer le oui fatal. Et peut-être Godégésil a-t-il déjà promis aux ambassadeurs le consentement de sa nièce !

Sans doute, dans leur désarroi, la mère et la fille consultèrent les sages conseillers qui les connaissaient depuis longtemps ; sans doute saint Patient, évêque de Lyon, saint Avit, le grand évêque de Vienne, intervinrent-ils. Et alors Clotilde, éblouie, entrevit la grandeur, la magnificence de sa mission. Oui, elle serait reine, elle serait la reine du seul peuple germain qui ne persécutât pas l'Église catholique. Oui, elle serait puissante, puissante sur le cœur de son mari, puissante sur son esprit, et lui ferait connaître le Christ adorable. Oui, elle serait riche ; elle répandrait à profusion ses biens terrestres pour les pauvres et pour les églises que Clovis respectait déjà ; mais surtout, Dieu la comblerait de ses grâces, de ses trésors surnaturels ; il lui ferait surmonter tous les obstacles, il lui accorderait des fils dont elle ferait des chrétiens. Par elle, tout un peuple pouvait passer des ténèbres du paganisme à la grande lumière d'En-haut.

Il suffisait qu'elle dît oui.

Carétène avait donné sa plus jeune fille à Dieu pour le servir dans le silence du cloître. Aujourd'hui, elle lui donnait sa fille aînée pour être dans tout l'éclat de la royauté l'instrument de la conversion d'un grand peuple.

Clotilde dit oui.

Les ambassadeurs francs prévinrent Clovis du succès de leur mission, et tout fut mis en œuvre pour hâter le mariage.

Une très vieille tradition burgonde donne Chalon-sur-Saône comme théâtre de ce mémorable événement. Pourquoi ne fut-ce pas à Genève, où résidait la jeune fiancée? Je ne puis le dire; je fais simplement cette remarque : il y avait deux rois burgondes, l'un à Lyon, l'autre à Genève, l'un et l'autre oncles de Clotilde. Or Chalon était la principale ville entre les deux résidences royales. C'était un centre important par sa navigation, qui la reliait vers le sud au Rhône, vers le nord aux confins de la Seine et du Rhin.

La demeure royale à Chalon devait être non loin de la Saône, là où s'éleva plus tard le cloître Saint-Vincent. Les deux rois burgondes s'y rencontrent avec toute la pompe des Barbares qui se croient héritiers des Romains. Des guerriers aux armes étincelantes, des chefs aux tuniques bordées de galons d'or ou d'argent, des Gallo-Romains enveloppés de la toge blanche, remplissent les vestibules de quelque antique villa romaine. Le contraste est étrange entre l'architecture aux lignes sévères, l'ornementation sobre du palais et le débordement d'or, de bijoux, d'armes richement ornées des maîtres d'aujourd'hui.

La salle est comble : princes, leudes, clercs, évêques se pressent autour des rois. Les ambassadeurs sont introduits et accentuent encore la note de splendeur barbare de la cérémonie : grands, larges, musclés, les blonds adorateurs d'Odin, des bracelets d'or aux bras, des colliers de pierreries au cou, les cheveux relevés sur le crâne, les longues moustaches tombantes, la lourde épée d'un côté, la terrible francisque de l'autre, entrent solennels. Leurs yeux clairs regardent en face les rois chrétiens, tandis que leur chef, s'inclinant, demande d'une voix assurée la main de la princesse Clotilde pour son maître, le glorieux roi Clovis.

Godégésil, tuteur de sa nièce, répond en son nom qu'elle sera fière d'unir sa destinée à celle du chef des Francs, pourvu toutefois qu'il lui laisse la liberté d'adorer le Dieu des chrétiens et de célébrer publiquement son culte. L'ambassadeur engage la parole de son maître. Alors, Clotilde et sa mère entrent, suivies de leurs femmes. Les Barbares s'inclinent devant leur future reine, à qui Godégésil transmet le message de Clovis. Pâle, frissonnante d'espoir et d'angoisse, elle reçoit l'anneau de fiançailles où est gravé le nom de Clovis et que le chef de l'ambassade lui passe au doigt. Puis, selon la coutume franque, qui voulait que la femme fût achetée par l'époux, les envoyés remettent aux rois un sou et un denier. Désormais, Clotilde n'est plus à sa mère, n'est plus à ses oncles, n'est plus à son peuple : elle appartient au roi païen vers qui la conduisent des guerriers païens.

Ah! J'espère que saint Avit et saint Patient assistaient à ces fiançailles barbares, que le regard éperdu de la jeune fille rencontra le regard lumineux des deux évêques, et que, en tendant son doigt à l'anneau des fiançailles, elle sentit descendre sur son front la bénédiction des saints!

Maintenant, il lui faut partir, il lui faut pour toujours dire adieu à sa mère.

L'escorte est là qui attend : un nombreux cortège armé, monté sur de lourds chevaux, va la conduire à Soissons. Une *basterne* attend la fiancée et quelques suivantes qui la serviront pendant le trajet; des chariots sont chargés de la dot de la reine des Francs... On attend.

Clotilde enfin paraît. Nul ne sait quels adieux échangèrent la mère et la fille, mais les yeux rougis de la jeune fille meuvent les guerriers eux-mêmes.

Elle monte dans la basterne et le commandant de l'escorte, en une langue rauque, donne le signal du départ.

Peut-être, longeant la Saône, Clotilde aperçut-elle à l'orient comme une légère buée blanche ; pour la dernière fois, ses yeux se dirigèrent vers ce Mont-Blanc familier du paysage génevois. Puis, fermant le rideau de cuir et serrant dans sa main l'anneau de Clovis, elle se laissa emporter vers l'avenir.

Le roi n'avait pas eu la patience d'attendre sa fiancée à Soissons. Parti à cheval avec ses fidèles, ses *antrustions*, il la rencontre sur les bords de l'Aube. Elle a alors dix-sept ou dix-huit ans et est dans tout l'éclat de sa jeunesse et de sa beauté ; lui en a vingt-six. L'intelligence de son regard majestueux est véritablement digne d'un grand prince. Son épaisse chevelure, insigne de sa puissance, marque distinctive des descendants de Mérovée, que nul fer ne doit jamais toucher, flotte librement sur ses épaules.

Il escorte sa fiancée jusqu'à Soissons, sa capitale, où a lieu le mariage dans toute la pompe franque, au milieu de l'enthousiasme des guerriers, fiers de voir leur chef allié à une princesse de si haute lignée ; au milieu aussi de la joie des chrétiens à qui la présence d'une reine catholique donne l'espoir de se voir un jour prochain gouvernés par des rois catholiques.

Nous sommes alors en 492. Depuis six ans déjà, Paris, sous l'influence de sainte Geneviève, refuse d'ouvrir ses portes à un roi païen. Mais la sainte de Lutèce doit tressaillir d'espérance quand elle apprend que Rémi, évêque de Reims, vient de bénir l'union du roi païen avec une princesse catholique.

II

Clovis sut tenir les promesses faites en son nom. Il respecta la religion de sa femme. Il l'aima et fut aimé d'elle. Le miracle que devait accomplir la reine fut un miracle d'amour conjugal.

Peut-être êtes-vous curieux de savoir comment vivaient ces souverains mérovingiens, à la fois fastueux et barbares? Je vais essayer de vous en donner une idée.

Le roi possédait personnellement une grande quantité de villas, de domaines, dispersés à travers le royaume. Il était aussi le seigneur *direct* d'un certain nombre de villes. Il vivait de ses villas, comme un fermier vit de sa ferme.

Une villa mérovingienne se composait souvent d'une ancienne villa romaine complétée par des bâtiments généralement en bois. Là demeuraient le roi et sa famille, ses serviteurs, les suivantes de la reine, et tout un monde de leudes, de fidèles, attachés à la personne royale, qui lui étaient dévoués jusqu'à la mort, et que le roi nourrissait. Autour de la villa s'étendaient des champs, des vergers, des forêts giboyeuses, des étangs ou des rivières où abondait le poisson, des prés avec quelque bétail.

La cour s'installait dans une villa, vivait de ses produits jusqu'à leur épuisement. Alors, tout le monde remontait à cheval, bagages et trésors étaient entassés sur les chariots et l'on émigrait vers une autre résidence.

Parfois, c'était toute une ville qui était chargée de l'entretien du roi et de sa suite. C'est ainsi que les premières années du mariage de Clovis et de Clotilde se passèrent en grande partie à Soissons. La pieuse reine habitait le « château d'albâtre » d'où Clovis avait jadis chassé Syagrius; elle fréquentait les sanctuaires qui avaient remplacé les temples de Cybèle ou d'Isis, et y vénérait les reliques des saints Crépin et Crépinien.

L'histoire est presque muette sur ces premières années d'union. Nous savons seulement, d'une façon un peu vague, que Clotilde, dans des entretiens intimes, essayait déjà d'amener son époux au Christ. Mais lui, tout en aimant sa femme, refusait toujours d'abandonner ses dieux. Et Clotilde redoutait auprès de son époux des influences plus pernicieuses encore que celle du paganisme. Une des sœurs du roi avait épousé l'arien Théodoric le Grand et s'était convertie à l'arianisme; les Barbares répandus sur le sol de la Gaule,

Burgondes et Wisigoths, étaient ariens; ariens aussi les Germains qui occupaient l'Italie. Tout conspirait, semblait-il, pour faire un arien de Clovis, si un jour il reniait Odin.

Clotilde et Rémi voulaient faire de lui le rempart du catholicisme. L'évêque de Reims, peu à peu, gagnait sa confiance : Clotilde, « épouse fidèle de l'époux infidèle, » lui offrait le modèle de la femme catholique. A Paris, Geneviève priait. Des influences invisibles, impalpables, s'agitaient autour du roi, mais l'heure n'avait pas encore sonné. Il sembla même un instant qu'elle ne dût jamais sonner!

Un an environ après son mariage, Clotilde eut un fils. La joie du père fut immense à la vue de l'héritier de sa couronne, et à la jeune mère triomphante il permit de faire baptiser le nouveau-né. Ce premier baptême princier de l'histoire de France revêtit l'éclat d'une grande solennité religieuse. L'église, tendue de tapis, de voiles de pourpre et d'or, resplendissait pour accueillir le fils de Clovis.

Hélas! la joie des parents s'éteignit bientôt dans les sanglots; l'enfant mourut. La mère, en larmes, chercha un refuge dans sa foi; mais le père, frappé au cœur, humilié dans son rêve de gloire, s'écria : « C'est ton Dieu qui a causé la mort de l'enfant! Si je l'avais consacré aux miens, il vivrait encore! »

Quelle détresse pour la pauvre mère! Ne pas même pouvoir pleurer avec son mari, l'entendre maudire le Dieu qu'elle lui prêchait, voir ce Dieu de bonté se détourner d'elle! Elle ne se révolta pas, bénit au contraire le Créateur qui lui avait permis d'avoir au Ciel un ange *à elle*.

L'année suivante, Clotilde eut un second fils, Clodomir, et telle était son influence sur Clovis que cet enfant fut aussitôt baptisé. Mais à peine était-il chrétien que le pauvre petit tomba dangereusement malade à son tour. Le père sentit la colère gronder dans son cœur.

Écoutez la phrase cruelle que Clotilde entendit près du berceau de Clodomir mourant : « Pourrait-il arriver à cet enfant autre chose qu'à son frère? Il a été baptisé au nom de votre Christ, il faudra donc qu'il meure! »

2

Mais Clotilde, à genoux près du petit moribond, penchée sur son visage crispé, ramenant sur l'enfant la lourde couverture de fourrure, priait tout bas, tout bas, mais priait sans discontinuer. Elle implorait le salut de son fils, et, par lui, le salut éternel de son mari.

Après des jours d'angoisse, l'enfant sourit à la vie. Clovis était vaincu !

III

Trop souvent, Clovis était obligé de laisser Clotilde à Soissons ou en quelque villa pour partir à la tête de ses guerriers. Les Francs étaient belliqueux et remuants, leurs voisins de Gaule, Burgondes et Wisigoths, ne l'étaient pas moins, et sur le Rhin les Francs Ripuaires, cousins des Francs Saliens, étaient en lutte perpétuelle contre les Alamans.

Les Alamans, ce sont les Allemands !

On n'est pas très bien fixé sur les causes des événements que je vais vous raconter ; ce qui est certain, c'est qu'en 496, les Francs Ripuaires étaient engagés dans une lutte à mort contre les Alamans, et que Clovis, indirectement menacé, entra dans la lice. La bataille décisive eut lieu non loin du Rhin, probablement en Alsace ; la tradition dit à Tolbiac.

L'heure était grave entre toutes, plus grave encore que ne le croyaient peut-être les combattants : les Alamans vaincus, c'était la frontière du Rhin libre pour un longs temps, un temps qui permît à la Gaule de devenir la France. Clovis écrasé, une nouvelle invasion sauvage fondait sur notre malheureux pays épuisé, détruisait l'œuvre commençante des Mérovingiens, anéantissait le catholicisme, si faible matériellement en regard de l'arianisme.

Clovis a engagé toutes ses forces dans la bataille. Ses guerriers sont braves et exercés, mais les Alamans sont de terribles adversaires qui se ruent à la victoire avec une force irrésistible. Ils ont aujourd'hui un ennemi digne d'eux, le grand chef franc qui jamais ne connut la défaite.

La mêlée est atroce, la lutte sans merci. Les Alamans l'emportent et poussent leur sauvage cri de guerre. Les Francs hésitent, leur résistance mollit. Quelques-uns même reculent. Enhardis, les adversaires redoublent leurs efforts triomphants.

Clovis, à cheval, sa longue chevelure fauve soulevée par le vent de la course, ramène ses troupes à l'assaut... Pour la première fois, tous ne le suivent pas! Pour la première fois Odin, le sanglant dieu de la guerre, se détourne de lui... Clovis, fou d'angoisse, entrevoit la défaite, la mort ou la captivité, la Gaule submergée par les Alamans, pillée, saccagée, Clotilde insultée, esclave peut-être, Clodomir massacré. Ces horribles images passent en tourbillon devant ses yeux comme la chevauchée des Walkyries bondissant dans le Walhalla! Ah! ne pas voir ces atrocités, fuir plutôt, fuir près de Clotilde, l'enlever, la protéger! Elle lui apparaît, grave, sereine, à genoux devant la croix.

La croix... la croix du Dieu de Clotilde, du Dieu qui l'a exaucée quand Clodomir agonisait.

Autour de leur roi, les Francs tombent ou fuient; il va rester seul, seul pour sauver son pays!... il lui faudrait être deux!

« Jésus-Christ, Dieu de Clotilde, fils du Dieu vivant, donne-moi la victoire et je croirai en toi, et je me ferai baptiser! »

Le cri atroce, le cri d'agonie du mourant qui veut vivre traverse l'espace et force le Ciel. Dieu l'entend. Jésus accepte le pacte. Les guerriers reprennent leur sang-froid, la panique cesse, les rangs se resserrent autour de Clovis. L'armée franque, comme un bélier, fonce en avant. L'ennemi surpris arrête son élan, recule en déroute, son chef tué.

Jésus Sauveur a répondu magnifiquement à l'appel de Clovis, et de ce jour Clovis, répondant à l'appel longtemps inutile de Jésus-Christ, fera de la France la fille aînée de l'Église.

Que fut le retour du vainqueur à Soissons? Que fut l'entrevue secrète où il révéla à Clotilde le vœu qu'il avait contracté? Nul ne l'a dit et je n'essaye même pas de me le figurer.

Mais je me représente la sainte reine, lorsque son époux retourne ensuite vers ses guerriers, vers ses fidèles, vers son peuple, je me la représente seule dans sa chambre au « château d'albâtre ». Elle est à genoux à terre, prosternée devant un Christ. Elle ne parle pas, ses lèvres sont immobiles, ses mains pendent inertes le long de son corps, nulle larme de joie ne brille dans ses yeux. Anéantie de bonheur, elle est là sans mouvement, sans pensée. L'ardent désir de toute sa vie, sa raison d'être reine des Francs va s'accomplir : *il* le lui a dit... Seigneur, vous pouvez désormais frapper l'épouse et la mère, elle vous bénira toujours. Clovis sera chrétien, et par lui la Gaule franque sera catholique !

Dieu bon, ayez pitié de votre sainte fille qui défaille de joie ! Elle croit goûter par avance les douceurs du Paradis. L'ombre envahit peu à peu la salle; un rayon de jour s'accroche encore à quelque lustre doré; les bancs, les coffres, le lit richement drapé s'effacent peu à peu; les lourdes tentures, les fourrures jetées sur le pavé amortissent tout bruit. Calmée par la paix du soir, Clotilde trouve enfin la force de remercier Dieu.

Pour lui faire la confidence du vœu de Clovis, la reine appela en toute hâte Rémi, l'ami de toujours, le discret conseiller. Tous trois jugèrent prudent de ne pas encore divulguer au peuple le serment du roi et le changement qui s'était fait en son esprit. Ce fut presque en secret que Rémi et l'évêque d'Arras, Vaast, complétèrent l'instruction du néophyte. Je dis « complétèrent », car vous vous doutez bien que Clovis n'était plus ignorant de toutes les vérités du catholicisme. Si les Francs étaient païens, beaucoup de Gaulois catholiques vivaient à la cour; le roi était l'ami de plusieurs évêques. Quand il faisait respecter une église, des reliques, un vase sacré, il savait l'importance de ce geste.

Enfin, depuis quatre ans, Clotilde l'avait souvent entretenu de ce Christ qu'elle rêvait de le voir adorer. Il l'avait entendue prier devant le berceau de Clodomir. Il savait qui était ce Dieu qui venait de lui donner la victoire.

Mais une question dont l'importance vous étonnera préoccupait Clovis, la reine et les évêques, et leur fit garder le secret longtemps : comment la nouvelle de la conversion de leur chef serait-elle accueillie par ses fidèles, ses antrustions?

La masse des guerriers francs rentrait dans ses foyers après chaque expédition; elle servait loyalement Clovis, mais comme elle avait autrefois servi les empereurs chrétiens. Elle était fidèle à son roi et peu lui importait que celui-ci adorât Jésus ou Odin. Les antrustions formaient la garde royale. Ils vivaient toujours avec le roi, partageaient sa bonne et sa mauvaise fortune. Ils étaient ses *nourris,* comme on dira au temps de la féodalité. Ils lui avaient prêté serment au nom d'Odin. Que diraient-ils donc en apprenant que Clovis, reniant ses dieux, adoptait la religion du Christ? Ne se croiraient-ils pas déliés de leur serment de fidélité? N'abandonneraient-ils pas leur chef? En ce cas, celui-ci, privé de sa *bande,* de son autorité, était dépouillé de tout prestige, et le prestige du catholicisme était atteint du même coup.

Quelle angoisse dans l'objection de Clovis à Rémi : « Ce n'est pas moi qu'il faut convaincre, ce sont ceux de ma bande. »

Enfin la grande décision fut prise. Une assemblée solennelle réunit les fidèles autour de leur roi. Ils étaient trois mille, dit le chroniqueur, trois mille guerriers à la mine farouche, aux longues moustaches, aux yeux d'acier, à la chevelure fauve, réunis en armes. Et lui, dans toute sa puissance, toute sa gloire, va soumettre sa destinée terrestre à ces hommes. Dans quelques instants, quand l'assemblée se séparera, Clovis sera tout ou rien.

Oh! comme Clotilde et Rémi devaient prier et trembler!

Très simplement, Clovis expose à sa bande le bouleversement qui s'est produit en lui, le miracle que le Dieu de Clotilde a réalisé sur le champ de bataille : « Mes fidèles, en ce moment, j'ai voué ma foi au Dieu des chrétiens et je lui ai promis de recevoir le baptême. Quel est votre avis? »

Un silence absolu suit la révélation du roi. Puis, au milieu du cliquetis belliqueux des francisques et des épées, une clameur monte : « Tu es notre chef, ton Dieu est notre Dieu. Odin nous a abandonnés dans la mêlée, Jésus nous a secourus. Que l'évêque Rémi nous baptise avec toi! »

Oh! quelles durent être les actions de grâce de Clotilde et de Rémi!

Il était encore d'usage de ne baptiser les néophytes que le jour de Pâques, afin que cette fête fût en quelque sorte la résurrection de l'homme en même temps que celle de Dieu. Mais, lorsque la bande de Clovis donna son assentiment au baptême du roi, on était au début de l'hiver. Attendre plusieurs mois était dangereux dans ce monde barbare et versatile. Si, brusquement, les fidèles retiraient leur approbation, tout pouvait être compromis. On hâta donc les préparatifs pour le jour de Noël.

Jusqu'à cette époque, Reims n'a pas tenu grande place dans nos récits. Elle entre dans l'histoire, pour n'en plus sortir, le jour du baptême de Clovis. Clotilde, triomphante, mais toujours modeste et soumise, accompagne son mari à Reims. Elle l'a pris païen pour l'amener à la vraie foi; elle le conduira jusqu'au baptistère.

Reims est en liesse. Peu importait le froid, le jour terne de ce 25 décembre, la ville regorge de monde; les maisons sont tendues de riches tapis, des festons courent le long des murs, les voiles brodés jetés en travers de la rue d'une fenêtre à l'autre forment comme un dais sous lequel passera le cortège; des branches au feuillage persistant, houx, sapin, buis, jonchent le sol. Déjà apparaît la procession solennelle. Un jeune homme en vêtements de fête porte la croix; des clercs, chargés des livres saints, suivent lentement. Voici le roi, plus majestueux que jamais, en tunique pourpre, bordée d'or, un collier précieux au cou, le diadème sur la tête, une riche épée au côté. A sa droite, l'évêque Rémi, coiffé de la mitre, enveloppé de la chape de soie brodée, tenait la crosse de la main droite, donnant la gauche à Clovis pour le guider dans la maison divine. Derrière eux, Clotilde, seule en apparence, mais en compagnie du Christ qu'elle a tant supplié, qui lui a accordé la plus grande grâce qu'elle pût espérer : Clovis et ses Francs chrétiens. Puis viennent les sœurs du roi, l'une arienne, l'autre païenne, qui se convertissent avec lui ; enfin la *bande,* la bande fidèle accompagnant son chef au baptême, comme elle l'accompagnait au combat ; la bande farouche, sans armes, traverse lentement les rues de la ville derrière l'évêque. Les hymnes liturgiques alternent avec le chant des litanies des Saints. Oh ! oui, que tous les saints du Ciel soient avec le roi dans ce moment solennel, que leurs âmes invisibles président à ce baptême sans précédent. Saints et martys, qui avez répandu votre sang pour que la Gaule fût chrétienne, entourez Clotilde, reine et sainte !

La cathédrale est là, portes béantes, entièrement illuminée de cierges, voilée par les vapeurs de l'encens odorant. Clovis, ébloui par ces splendeurs, envahi par la grande paix qui émane du sanctuaire, se tourne vers Rémi : « Est-ce là, évêque, ce royaume du ciel que tu m'as promis? — Non, c'est le commencement du chemin qui y conduit. »

Le cortège n'entre pas dans l'intérieur du sanctuaire où les non-chrétiens ne doivent pas pénétrer ; le baptistère est à l'entrée. Dans bien des églises il formait même un bâtiment séparé. Une piscine à fleur du sol, entourée de colonnettes surmontées de chapiteaux et supportant un léger dôme ; sous le dôme, une colombe, symbole de l'Esprit-Saint : tel est le décor.

Nombreuse est l'assemblée qui attend le roi près de la fontaine sainte ; jamais baptême n'eut si grande importance. Aussi Clotilde et Rémi ont-ils convié à cette fête inouïe les évêques de la Gaule franque et même d'autres royaumes, car saint Avit, le plus illustre de tous, est sur le seuil du baptistère.

Quelle ne dut pas être l'émotion du prélat viennois en se

retrouvant en face de Clotilde en un tel jour; il était de ceux que jadis, dans leur émoi, Carétène et sa fille avaient consultés sur l'union projetée. Il avait rassuré les deux femmes et montré à la jeune fille la grandeur de la tâche qui lui incombait. Aujourd'hui toutes ses prévisions se réalisaient : Clotilde menait au baptême le roi, son époux, avec ses deux sœurs et trois mille guerriers francs.

Clovis s'incline devant les évêques, et, humblement, demande à Rémi de lui conférer le baptême.

« Baisse la tête, fier Sicambre, répond solennellement le prélat, adore ce que tu as brûlé, brûle ce que tu as adoré. »

Le roi renonce à Satan, à ses pompes, à ses œuvres, et s'engage à professer la foi catholique, à la défendre dans tout le royaume. Il descend dans la piscine et en sort chrétien ; ses sœurs suivent son exemple et la *bande,* à genoux, reçoit le baptême par aspersion. Puis, tous, revêtus de la robe blanche, entrent dans la nef de l'église au son des *alleluia* de tout un peuple. Ce jour même sainte Geneviève ouvrait les portes de Paris au roi très chrétien.

La mission de Clotilde sur la terre était accomplie ; ses journées glorieuses étaient vécues ; encore quelques années de paix et le calvaire commencerait pour la veuve, pour la mère.

IV

Quelle fut la vie de Clotilde après le baptême de Clovis? Les historiens ne nous en parlent pas.

La soumission de Paris étendait la puissance des Francs jusqu'au sud de la Seine. La famille royale, quand elle n'était pas dans une villa, avait déserté Soissons pour Lutèce. Clotilde faisait de longs séjours dans le palais des Thermes, autrefois résidence favorite de l'empereur Julien. Là, quand son époux était en expédition, elle vivait au milieu d'une cour d'une opulence barbare, occupée d'œuvres de charité, et surtout de l'éducation de ses enfants. Ils étaient trois fils : Clodomir, Childebert et Clotaire, dont l'humeur belliqueuse et farouche n'était pas sans inquiéter leur mère qui essayait de tempérer ces penchants par l'influence chrétienne. Puis une fille plus jeune, portant le même nom que sa mère, à qui celle-ci donnait une pieuse direction et dont le destin fut si tragique.

Lorsque l'absence du roi angoissait Clotilde, lorsque quelque maladie s'abattait sur un des enfants, alors arrivait au palais une femme très âgée, de mise très simple, d'allure très modeste, devant qui Gaulois et Francs s'inclinaient profondément, devant qui toutes les portes s'ouvraient. Et la jeune reine de France confiait à sainte Geneviève les inquiétudes qui la déchiraient, tandis que, sous leurs yeux, les enfants jouaient sur les épaisses couvertures recouvrant le sol et que les aînés s'escrimaient en quelque coin, en parlant des exploits dont ils rêvaient.

L'intimité avec Geneviève, de pieuses fondations, églises ou couvents, remplissent les dernières années de mariage de Clotilde.

Je ne veux vous parler que de l'érection de la basilique Saint-Pierre et Saint-Paul, à Paris.

Des fenêtres du palais, Clovis et Clotilde voyaient devant eux, sur la rive gauche de la Seine, une colline inhabitée, couverte de vignes et de jardins et qu'escaladait la chaussée de Paris à Sens. Au sommet, un cimetière romain entremêlait étrangement des tombes païennes et des tombes chrétiennes ; plusieurs évêques de Paris y étaient ensevelis. Cette colline était le mont Lutèce et s'appelle aujourd'hui la montagne Sainte-Geneviève. Depuis longtemps la patronne de Paris rêvait de voir une basilique s'élever en ce lieu. Son désir se rencontra avec celui du roi et de la reine et l'érection de l'église fut décidée dans les premières années du VIe siècle.

Vous avez peut-être entendu parler de la pose de la première pierre d'un monument comme d'une grande cérémonie, présidée généralement par un personnage important.

Pour la basilique nouvelle, qui va s'élever là où est aujourd'hui Saint-Étienne-du-Mont, l'inauguration eut lieu tout autrement, à la mode barbare.

Clovis est là, sur le mont Lutèce, au milieu des vignes et des jardins. Il est debout, près de son épouse, entouré de sa cour, de clercs, de moines, de l'évêque et de nombreux guerriers. Il est en armes, imposant et barbare. Dominant la foule de sa majesté, saisissant sa redoutable francisque qui a fracassé tant de crânes ennemis, il la projette de toute la force de son bras au milieu du terrain qu'il a choisi. Par là il indique qu'il prend possession du sol, comme faisaient les guerriers victorieux, comme faisait Thor, le dieu du tonnerre, que Clovis adorait il y a quelques années.

On creusa d'abord une crypte, c'est-à-dire une église souterraine, destinée à abriter les tombes royales. Au-dessus s'éleva la basilique, qui ne ressemblait guère aux églises que vous connaissez. Ni voûtes, ni clocher, ni ogives : nous sommes encore loin de l'art du moyen âge, mais tout près des traditions romaines. Songez que les monuments romains couvraient encore notre pays. Il faut donc nous représenter Saint-Pierre et Saint-Paul presque comme un monument antique. On y accédait par un triple portique, orné de mosaïques, de peintures, représentant des scènes de la Bible ou de l'Évangile. L'intérieur n'était pas voûté, mais lambrissé, plafonné, comme maintes églises d'Italie. La décoration consistait en peintures murales, séparées par des ornementations de mosaïque. L'ensemble surprendrait probablement notre esprit moderne, mais il avait sa grandeur et son charme. La description donnée par le chroniqueur me fait penser à certaines églises de Savoie ou du Midi, trop chargées en dorures, entièrement peintes à l'intérieur, d'un goût italien qui surprend notre esprit français plus sobre.

Clovis ne devait pas voir l'achèvement du sanctuaire qu'il fondait. Il fut emporté à l'âge de quarante-cinq ans, en 511. La crypte s'ouvrit pour recevoir un sarcophage de pierre sur la face duquel on grava des croix. Clovis devait dormir là jusqu'en 1793.

Cinq semaines après ces funérailles, la crypte royale recevait un nouveau cercueil. Clotilde perdait à la fois son époux et son amie. Le 3 janvier 512, sainte Geneviève, le dernier témoin du monde antique, s'endormait dans la paix du Seigneur.

V

> « Hélas, Seigneur, que mon exil est long ! »

Les heures tragiques avaient sonné pour Clotilde. Aux heures triomphantes de 496, elle avait entrevu les joies célestes. Avant de les partager avec les saints, elle devait boire le calice jusqu'à la lie.

Elle avait trois fils de douze à dix-sept ans. Suivant la loi franque tous trois devaient succéder à leur père et tous trois étaient déclarés majeurs, capables de se passer de leur mère qu'ils quittèrent. La reine veuve gardait son rang, ses villas, ses trésors, son palais. Au lendemain de son mariage, elle avait reçu de Clovis le « don du matin », qui comprenait sans doute plusieurs villes, en tout cas celle de Tours.

Séparée de ses fils, rois à Orléans, à Paris, à Soissons, elle continua d'habiter le palais des Thermes et d'y mener un train royal, ne gardant près d'elle que sa fille Clotilde encore tout enfant. Childebert, roi de Paris, résidait dans l'ancien palais de la Cité.

C'est par ses fils indignes que le malheur entra dans la vie de la sainte reine. Ils étaient trop jeunes, la barbarie de leur origine trop proche encore pour que, soustraits à la douce influence de leur mère, ils pussent résister à la dépravation d'une cour qui unissait la corruption à la violence. Rois, ils apprirent surtout à tout voir plier devant eux, devant leurs désirs barbares. Peut-être aimaient-ils encore leur mère et leur sœur ; en tout cas, elles ne comptaient plus dans leur vie.

Un jour, pourtant, ils se souvinrent de la jeune Clotilde. Sortie de l'enfance, elle pouvait leur servir. Amalaric, roi arien des Wisigoths, demandait la jeune fille en mariage. Ses frères, flattés de la démarche d'un roi puissant, voyant des avantages politiques à s'unir par des liens de famille au fils de l'ennemi juré de leur père, donnèrent immédiatement leur consentement et, incontinent, vinrent réclamer la jeune fille à leur mère.

Les deux Clotilde se sentirent éperdues à la perspective de ce mariage. Amalaric, arien, vaincu par Clovis, ne ferait-il pas sentir trop durement à sa jeune femme que tout les séparait : religion, politique, haines et affections de famille? Ou bien, au contraire, la fille du premier roi franc chrétien ferait-elle d'Amalaric un nouveau Clovis? L'amènerait-elle à la foi catholique et, par lui, le puissant peuple des Wisigoths?

La mère se rappelait ses propres angoisses vingt-cinq ans auparavant, et l'œuvre admirable qu'elle avait accomplie lui rendait courage. La fille était partagée entre l'effroi de l'inconnu et l'espoir d'avoir une influence heureuse. En tout cas, les rois avaient parlé, il fallait obéir. Un matin, un lourd chariot aux rideaux de cuir emmena la jeune princesse du palais des Thermes qu'elle ne devait plus revoir. Une escorte à cheval entoura la voiture, le convoi des bagages, et tout disparut dans un nuage de poussière.

Sainte Clotilde restait seule, son calvaire commençait. Elle ne se faisait pas d'illusions sur la valeur morale de ses trois fils, mais jamais elle n'eût imaginé la cruauté qu'ils ne cessèrent de montrer tout le long de leur existence. Elle espérait un peu en Clodomir, l'aîné, sur le berceau de qui elle avait tant pleuré, dont la guérison miraculeuse avait ébranlé l'incrédulité de Clovis. Mais Clodomir, « fils de ses larmes, » devait encore lui en faire verser de bien amères.

On ne sait à quel propos il entraîna ses frères dans une guerre impie contre Sigismond, roi des Burgondes, converti au catholicisme. On sait simplement que le roi d'Orléans revint victorieux, traînant captifs Sigismond, sa femme et leurs deux jeunes fils, et les enferma à Coulmiers; que, l'hiver passé, en 524, il voulut en finir en abattant le deuxième roi burgonde Godemar.

Comme il faisait ses préparatifs, le bruit se répandit au pays d'Orléans que le roi voulait, avant le départ, se débarrasser de ses prisonniers. En vain, tous ceux qui pouvaient avoir quelque influence le supplièrent-ils d'épargner ces malheureux. Avitus, abbé d'un monastère fondé par Clovis, lui envoya cette prédiction solennelle : « O roi, songe à Dieu; si tu fais grâce à tes captifs, tu seras de nouveau vainqueur. Mais si tu les tues, toi et les tiens, vous subirez le même sort. » Clodomir n'écouta personne. Ces malheureux prisonniers furent massacrés et précipités dans un puits, puis il partit à la tête de ses troupes, rejoint par ses frères. Le combat eut lieu à mi-chemin entre Lyon et Genève, les deux villes où s'était écoulée l'enfance de Clotilde.

Dans son palais, la reine désespérée priait et pleurait : cette guerre mettait aux prises ses fils et son neveu. Clodomir s'était montré cruel et sanguinaire, avait méprisé les conseils du moine Avitus. Qu'allait-il advenir?

Les Burgondes, acculés au désespoir, triomphent des Francs; Clodomir est tué dans la mêlée. Sa tête tranchée est présentée au bout d'une pique à ses guerriers dont ce spectacle achève la déroute.

Bientôt la terrible nouvelle arrive à Paris. Ses pressentiments n'avaient pas trompé la pauvre mère! Son fils bien-aimé, celui qu'elle croyait voué à une grande destinée, gît sans vie sur le champ de bataille. Son corps mutilé est sans sépulture. Ses ennemis ont emporté comme trophée sa tête aux yeux clos, à la longue chevelure blonde. Clotilde défaille. Dieu bon, ayez pitié d'elle! Le fils criminel est mort, rappelez la mère à Vous!

Mais non! Déjà la courageuse chrétienne se redresse. Les enfants de Clodomir, ces trois petits sans père, va-t-elle les abandonner, les laisser loin d'elle à des serviteurs? Non, ce qu'elle n'a pu accomplir pour ses fils devenus trop tôt rois, elle le fera pour les petits orphelins. Théodoald,

Gunther et Clodoald sont installés dans l'opulent palais des Thermes avec leurs gouverneurs et leur suite. Clotilde veille à l'éducation des petits princes. Elle les veut avant tout pieux, soumis à Dieu et à l'Église et maîtres d'eux-mêmes. Les trois frères sont sa joie, son orgueil; ils sont forts, ils sont beaux, ils ont le regard fier de Clovis, ils aiment tendrement leur grand'mère qui se reprend à espérer. Ceux-là seront des hommes selon son cœur.

Elle vivait ainsi, calmée, presque heureuse, fort retirée dans son palais, lorsqu'une rumeur, sourde d'abord, puis de plus en plus précise, lui apprit que son troisième fils, Clotaire, roi de Soissons, venait d'arriver au palais de la Cité, mandé par son frère. La reine ne laissa pas d'être inquiète de cette réunion. Ne présageait-elle pas quelque nouvelle guerre injuste? Mais les bruits rapportés par des suivantes, par des gardes (car la mère attendait avec dignité que ses fils lui fissent part de leurs projets), la soulagèrent : Childebert et Clotaire pensaient à établir leurs neveux sur le trône de Clodomir, à faire d'eux les rois d'Orléans. Ce fut avec un frémissement de joie que Clotilde attendit les ambassadeurs de ses fils. Ils ne tardèrent pas.

Dans la grande salle où la reine se tient avec ses femmes, sont introduits des guerriers à la mine rébarbative, avec quelques courtisans gallo-romains, plus souples, plus élégants. Les ambassadeurs s'inclinent.

« Très noble dame, nous sommes envoyés par les rois, tes fils, nos seigneurs Childebert et Clotaire. Ils se sont rejoints en la ville de Paris et te font demander les fils du roi Clodomir pour les élever sur le trône de leur père. »

Pleine de joie à ces paroles, Clotilde répond qu'elle va confier les enfants aux ambassadeurs. « Il me semblera, dit-elle à ses petits-fils, que je n'ai pas perdu votre père, si je vous vois établis sur son trône. » Puis elle fait servir leur repas aux petits princes, veille elle-même, avec une tendre sollicitude, aux préparatifs du départ. Une escorte digne des rois francs remplit déjà la cour. Théodoald,

Gunther et le petit Clodoald paraissent sous le portique d'entrée, en habits de fête, des colliers et des bracelets d'or au cou et aux poignets. Des agrafes précieuses attachent leurs manteaux sur l'épaule. Ils reçoivent le baiser d'adieu de leur grand'mère et, pleins d'impatience, montent à grand'peine sur les chevaux qui les attendent. Les gardes les entourent; leurs gouverneurs, leur maison les suivent. Le cortège s'ébranle. Les enfants se retournent avec un sourire vers Clotilde rayonnante. Ils sont alors âgés de dix, sept et cinq ans.

Rentrée au palais, la reine trouve bien vides les grandes salles que ne remplissent plus les rires et les cris des enfants, les cours qui ne retentissent plus des aboiements de leurs chiens... N'importe, ses petits-fils seront rois. Elle les suit par la pensée : le cortège est maintenant au palais de la Cité. Les leudes saluent les enfants de Clodomir. On les installe en une grande chambre où brûle un feu ardent. Des serviteurs s'empressent autour d'eux, des femmes aussi... Ils sont si petits! Maintenant ils dorment, beaux comme des anges du paradis, sous leurs épaisses fourrures. Dans quelques jours, aux acclamations de la *bande,* ils monteront à leur tour sur le pavois... Et Clotilde sourit de bonheur tout en continuant avec ses femmes de filer la laine ou de broder de lourds manteaux.

Cependant un nouveau messager est introduit, se disant chargé d'une mission concernant les petits princes, le Romain Arcadius, fils d'évêque et petit-fils de saint Sidoine, arrière-petit-fils d'empereur. Il s'incline servilement, jette à la reine un regard fourbe, puis, tirant de son manteau une épée et une paire de ciseaux : « Très noble dame, dit-il avec sang-froid, tes fils te font demander ce qu'ils doivent faire des enfants : leur couper les cheveux avec ces ciseaux, ou le cou avec cette épée. »

Clotilde se dresse toute pâle, ne comprenant même pas. Couper à ses petits-fils leur chevelure longue, ce signe de leur race royale? Quoi... les enfermer en un cloître! Eux, les rois d'Orléans, les fils de Mérovée? Ah! jamais!

Le regard faux du messager ne quitte pas le visage de Clotilde. Elle se débat dans un cauchemar affreux, telle une lionne traquée... Et Arcadius fait jouer avec complaisance les ciseaux devant elle. La malheureuse se sent défaillir : « S'ils ne doivent pas être rois comme leur père, j'aime mieux les voir morts que tondus, » s'écrie-t-elle. Le son même de sa voix la fait revenir à elle. Arcadius a disparu. A-t-elle vraiment parlé? Non, qu'ils vivent! qu'ils vivent! Arcadius n'a pas compris... Qu'il revienne! La reine l'exige.

Les serviteurs sortent de tous côtes, se précipitent à la poursuite du messager. Trop tard! Arcadius, comme une flèche, a traversé les cours, a sauté sur son cheval. A peine le voit-on encore tout près du grand pont. Un cavalier galope sur ses traces. Peine perdue! Il a pénétré dans le palais de la Cité dont les portes restent hermétiquement closes.

Alors l'antique demeure de Julien l'Apostat retentit de sanglots. Clotilde, prostrée devant l'image divine, crie sa douleur vers le Ciel.

« Une voix s'est fait entendre dans Rama. C'est Rachel qui pleure ses enfants et qui ne veut pas être consolée, car ils ne sont plus! »

Childebert et Clotaire ont fui le lieu de leur crime, l'un dans une de ses villas, l'autre à Soissons. Clodoald, caché par des hommes dévoués, a été sauvé. Il est dans un monastère. Deux pauvres petits corps sans vie, une hécatombe de serviteurs dans un palais vide. Voilà ce que trouvèrent les fidèles guerriers que Clotilde envoya à la Cité.

Deux jours plus tard les Parisiens épouvantés du crime, et n'osant parler par crainte des criminels, voyaient passer un lugubre cortège. Les clercs, revêtus d'insignes de deuil, psalmodiaient des chants funèbres en précédant deux petits cercueils. Figée dans son horrible douleur, Clotilde, seule, conduisait le deuil de ses petits-fils. Pour ces innocentes victimes se rouvrit la crypte où déjà reposaient Clovis et Geneviève.

La prédiction du moine Avitus s'était réalisée.

Le petit Clodoald s'était réfugié chez les moines de Nogent, où il devint saint Cloud. La malheureuse Clotilde, ne pouvant supporter la vue du palais d'où Théodoald et Gunther avaient marché à la mort, ne pouvant supporter le voisinage de Paris, et ne voulant plus revoir ses fils indignes, se réfugia à Tours, à l'ombre du tombeau de saint Martin.

Hélas! elle n'avait pas fini de pleurer.

VI

> « Debout près de la croix où son enfant était suspendu, la mère de douleur pleurait. »

L'espoir que Clotilde avait secrètement nourri de voir sa fille, épousant un roi wisigoth, ramener à la foi catholique son mari et son peuple, cet espoir ne devait pas se réaliser. Il y avait une haine inextinguible entre Wisigoths et Francs, entre ariens et catholiques, et la jeune femme en fut bientôt la victime. Méprisée de ses sujets, elle se voyait insulter, recevait d'immondes projectiles quand elle se rendait à l'église catholique. Au lieu de la défendre et de la faire respecter, Amalaric l'accablait d'outrages et même de violences.

Folle de désespoir, la jeune Clotilde réussit à faire passer à son frère un messager chargé de le mettre au courant et de lui remettre un mouchoir taché du sang que les mauvais traitements de son mari avaient fait verser à la reine. Childebert n'hésita pas, et, traversant les Pyrénées, vola au secours de sa sœur. Amalaric, enfermé dans Barcelone, se vit enlever cette place par les Francs. Lui-même, cerné au moment où il voulait fuir par mer, tenta de se réfugier dans une église catholique, mais fut massacré avant d'avoir pu y pénétrer.

La jeune Clotilde était sauvée. Sans doute avait-elle hâte de fuir le pays maudit, de se réfugier auprès de sa mère, car nous voyons Childebert l'emmener à sa suite. Mais la Gaule est longue à traverser de Barcelone à Tours. On avance lentement, en char, à travers un pays ravagé par la guerre. La jeune reine, épuisée par ses souffrances, ne put supporter tant de fatigues.

La veuve de Clovis, à Tours, attendait sa fille en priant et en pleurant. Quand donc aurait-elle vidé le calice? Mais Clotilde, son enfant, serait bientôt là. Ensemble, unies dans la prière et la douleur, elles trouveraient la paix près du tombeau de saint Martin. Auparavant, il est vrai, il fallait que la mère se trouvât en face de son fils meurtrier. Mais cet assassin vient d'affronter une guerre terrible pour délivrer sa sœur outragée.

L'armée franque arrive à Tours et Childebert demande à voir la reine sa mère.

Les voici face à face, le fils coupable, la mère inconsolable... Entre eux, un cercueil. La jeune Clotilde n'est pas arrivée au terme du voyage, est morte depuis quelques jours. Dieu a eu pitié d'elle. Elle reposera aussi dans la crypte de la basilique parisienne.

La reine mère, la grande sainte, n'est point encore au sommet de son calvaire. Le vide se fait autour d'elle : Carétène est morte, Clovis est mort, Geneviève et Rémi sont morts, Clodomir et ses deux enfants sont morts. Que reste-t-il à la reine dans sa solitude?

Dans cette vie désespérée, toute réfugiée près de la croix, je vois un fugitif rayon de soleil. Clotilde, âgée, les cheveux blancs cachés sous un voile, contemple de ses yeux usés par les larmes une jeune femme d'une rare beauté, à genoux devant elle : c'est Radegonde, Radegonde épouse du féroce Clotaire, Radegonde qui a obtenu de son mari l'autorisation de le quitter pour se consacrer à Dieu. Les deux saintes femmes se rencontrent à Tours, puis chacune reprend son chemin vers le ciel. Radegonde trouve tout de suite la paix, Clotilde ne la connaîtra qu'au tombeau.

Une source de chagrin manquait encore à la malheureuse mère. La mesure fut comble le jour où elle apprit que

Childebert, uni à son neveu Théodebert, déclarait la guerre à Clotaire. Guerre fratricide ! Clotilde ne cherche pas à prendre parti, à s'interposer : tout est inutile avec ces natures farouches. Mais ces barbares sont ses fils ; elle les a bercés, aimés, soignés ; ils ont joué sur ses genoux, elle a voulu les élever. Ce sont ses fils, tout ce qui lui reste au monde. Elle s'enferme et elle prie.

Clotaire, attaqué par une armée double de la sienne, est acculé à la forêt de Brotonne près de Caudebec. Il se crée une sorte de rempart en abattant des arbres ; puis, traqué comme une bête fauve, il attend l'ennemi. Mais il prie. Oui, il prie ! Malgré ses crimes il croit en Dieu, il sent que Lui seul peut le sauver. Clotaire prie dans la forêt, Clotilde prie devant le tombeau de saint Martin.

Le lendemain, raconte l'historien Grégoire de Tours, au moment où Childebert va donner l'assaut, un orage épouvantable éclate sur son camp : tonnerre, éclairs, pluie, faisant rage, déchirent les tentes. Les guerriers cinglés par la grêle, se couchent sur le sol et se couvrent de leurs boucliers. Les chevaux épouvantés rompent leurs attaches, se sauvent à travers la forêt. Et, pendant ce temps, dans le camp de Clotaire, nulle trace d'orage ! Terrifiés à la vue de ce prodige, Childebert et son neveu, prosternés au milieu des leurs, demandent pardon à Dieu pour cette guerre sacrilège, et envoient des messagers à Clotaire pour lui demander la paix.

Clotilde avait enfin connu un moment de joie. Ses dernières années s'écouleront calmes, après tant de tempêtes.

VII

La vieille reine demeurait à Tours, qui lui appartenait en propre : c'était un don de noces de Clovis. Elle y était maîtresse absolue. Ses fils n'y eurent autorité qu'après sa mort. Son gouvernement était doux et miséricordieux ; ses libéralités envers l'Église furent immenses ; ses fondations, nombreuses. Ce fut d'abord le monastère de femmes de Chelles, près de Paris. Là était une villa mérovingienne, où Clotilde avait maintes fois séjourné du vivant de Clovis, au temps de son bonheur. Elle plaça la nouvelle communauté sous le vocable de saint Georges, patron des guerriers, des cavaliers, et l'on croit que cette fondation fut antérieure à la mort de Clovis. Elle éleva une basilique digne du grand évêque sur le tombeau de saint Germain d'Auxerre. Mais la fondation la plus populaire de sainte Clotilde est celle de Notre-Dame des Andelys, à laquelle se rattache une gracieuse légende que je veux vous raconter.

Pour construire l'église et le monastère qu'elle voulait dédier à Notre-Dame, la reine avait réuni un grand nombre d'ouvriers qui travaillaient sur différents chantiers. Comme tous les ouvriers de tous les temps, ceux-ci estimaient que rien ne pouvait mieux réparer leurs forces que du bon vin de Gaule. Or, la Normandie (on disait alors la Neustrie) n'a jamais produit de vin. Peu importait ce détail aux manœuvres. Il leur fallait du vin : que la reine en fasse prendre où bon lui semblerait. Et la reine était fort en souci. Oui, mes enfants, pour procurer du vin à ses maçons, la toute-puissante Clotilde était sérieusement embarrassée. Elle songeait à cette grave question, lorsqu'une petite fontaine jaillit du sol, près du chantier, petite source pure et fraîche à l'eau courante délicieuse. Les ouvriers ne voulaient pas d'eau, si fraîche fût-elle, mais du vin. La reine, le soir, s'en fut se coucher, et voici que pendant son sommeil un ange, ou peut-être Notre-Dame elle-même, lui dit : « Si tes ouvriers persistent dans leurs exigences, envoie une de tes servantes puiser de l'eau à la petite fontaine et la leur donner. »

On était au cœur de l'été, la chaleur accablait les travailleurs qui peinaient sous le soleil, dans la poussière, taillant les blocs de pierre, équarrissant les troncs. Et leur plainte s'éleva de nouveau :

« Très noble reine, point ne pourrons continuer à travailler ainsi pour Notre-Dame et pour toi ; nous sommes à bout de forces ; n'as-tu pas de vin à donner à tes gens ?

— Rassurez-vous, répondit la reine, ma servante va vous porter de quoi vous rafraîchir. »

Son cœur battait bien fort, mais elle n'avait pas hésité à obéir à Notre-Dame. La servante envoyée à la source chantante porte, assez mécontente, et inquiète de ce qui va se passer, le vase rempli aux ouvriers. O merveille ! tous se précipitent autour d'elle ; c'est à qui sera servi le premier : « Encore, donne encore de cet excellent vin, jeune fille. » Et la servante voit les durs travailleurs baiser le bas de sa robe en la remerciant de son vin exquis.

Clotilde ne conçut aucun orgueil en voyant se renouveler pour elle le miracle de Cana : « C'est Notre-Dame qui a eu pitié de ces pauvres hommes, dit-elle à sa servante, mais ne parle de cela à personne. »

De ce jour, continue la légende, le vin ne manqua jamais tant que durèrent les travaux ; mais le miracle ne se renouvela que pour les ouvriers. Quiconque d'autre buvait à la source n'y trouvait qu'eau pure. Quand l'église et le monastère furent achevés, le miracle cessa à jamais.

Il y avait vingt ans que Clotilde résidait à Tours, menant à la fois une vie de reine qui gouverne, préside aux élections d'évêques, et une vie de religieuse occupée d'œuvres de charité, priant et faisant sévère pénitence pour expier les crimes de ses fils, crimes dont, hélas ! elle était la première victime. L'heure de la paix allait enfin sonner pour elle.

« Elle apprit par la révélation d'un ange, dit Grégoire de Tours, que les temps étaient accomplis et elle se réjouit en Dieu. »

La maladie la tint trente jours au lit ; elle priait et faisait prier, mais elle n'avait plus rien à donner aux pauvres, leur ayant distribué d'avance tous ses trésors. Elle fit mander ses deux fils, ceux qui avaient martyrisé son cœur, et leur prédit « diverses choses qui leur arrivèrent plus tard ».

Enfin, le trentième jour, elle reçut les sacrements et expira doucement, au crépuscule, le 3 juin 545.

« Au moment où elle quittait ce monde, continue Grégoire de Tours, une immense clarté envahit la maison, comme en plein midi, et il se répandit un parfum qui eût fait croire aux assistants qu'ils respiraient l'odeur de l'encens. Cette clarté et ce parfum subsistèrent jusqu'à ce que le jour naquît. »

Et maintenant, regardez un triste cortège funèbre. Il quitte Tours au milieu de la désolation d'un peuple; le clergé marche en tête, psalmodiant des chants religieu x deux rois suivent le cercueil... O rois, indignes fils d'une si sainte mère, pourquoi avez-vous plongé un glaive dans son cœur douloureux? Pourquoi avez-vous fait un calvaire de l'existence de la veuve de Clovis? Elle ne vous a pas maudits, elle qui ne sut que bénir. Par elle le royaume de France est pour jamais catholique; mais par vous, la race de Mérovée, déjà viciée, sombrera dans le meurtre et la tragédie.

Le triste convoi arrive à Paris, passe près de ce palais des Thermes témoin des jours heureux de Clotilde; il gravit le mont Lutèce. La crypte de sainte Geneviève s'ouvre une fois encore et un sarcophage de pierre reçoit le corps de la reine.

Clovis, sainte Geneviève, Théodoald, Gunther, Clotilde de Wisigothie, sainte Clotilde, dormez en paix. La France est née, une France encore barbare et féroce, mais une France chrétienne.

DEUXIÈME RÉCIT

SAINT RÉMI (438-533)

« Tandis qu'une nuée sombre enve-
loppera les peuples, le Seigneur se lèvera
sur toi, et sa gloire éclatera sur toi. »

I

Le nom de saint Rémi a déjà été prononcé bien des fois dans ces récits. Si je reviens encore une fois sur son histoire, c'est simplement pour relier entre eux des faits épars dans les chapitres précédents.

Il y avait encore des empereurs à Rome, lorsque Rémi, évidemment gallo-romain, vint au monde aux environs de Laon. Son père était un *seigneur*, terme un peu vague, dont la signification est très diverse. Un seigneur, ce pouvait être un magistrat municipal ou un fonctionnaire impérial; ce pouvait être aussi un de ces grands propriétaires, possédant fermes, villas... toute une contrée, et à la tête d'esclaves domestiques formés au service personnel du maître, mais surtout esclaves colons, attachés à la terre, la cultivant, gardant les troupeaux. Ceux-là, dans quelques siècles, on les appellera les serfs. Beaucoup étaient gallo-romains, mais quelques-uns provenaient de ces prisonniers barbares que l'administration avait pris l'habitude de transporter dans les régions dévastées pour les repeupler.

Les Gallo-Romains d'un rang élevé étaient tous chrétiens et catholiques. Nous ne devons donc pas nous étonner que Rémi et son frère Principius aient reçu de bonne heure une solide instruction religieuse.

En 461, à vingt-deux ou vingt-trois ans, Rémi est nommé évêque de Reims, et son frère devient presque aussitôt évêque de Soissons. Si nous regardons une carte de France, nous voyons immédiatement l'importance que prend de ce fait la famille de Rémi : par le père des deux jeunes évêques, elle tient Laon, qui a toujours été une citadelle sur une colline, dominant la plaine environnante. Laon était imprenable ; toutes les invasions s'étaient brisées au pied de ce mamelon. Par Principius elle tenait Soissons, une des principales villes de la Gaule du nord. Son importance s'accrut encore par la suite, et nous allons la voir devenir le refuge d'un pâle fantôme impérial. Reims, appelée à une haute destinée, était sans doute la plus modeste de ces trois villes. Elles étaient toutes dans la Gaule Belgique, dont les frontières étaient marquées à l'est par la Moselle et le Rhin, mais assez vagues au nord, depuis que, sans trêve et sans relâche, la Germanie déversait ses peuples belliqueux sur notre pays.

Les Francs, surtout, s'infiltraient par cette frontière incertaine. Ils avaient combattu Attila aux Champs Catalauniques, aux côtés des Romains. Déjà ils inondaient le pays entre l'Escaut, la Sambre et la Somme. Habitants de Laon, de Soissons, de Reims, étaient en contact perpétuel avec ces païens.

Rémi tenait de ses origines gallo-romaines le sens de l'administration, du gouvernement, et la justesse du coup d'œil politique. Prudent, charitable, très instruit, il conduisait son troupeau avec douceur et fermeté. Il n'arrêtait pas ses regards aux limites étroites de son diocèse. Au delà de Reims il voyait la Gaule Belgique, au delà de la Gaule Belgique la Gaule entière, et au delà encore l'Église, l'Empire, les Barbares.

Or, les Barbares couvraient l'Empire, au sud comme au nord, à l'orient comme à l'occident. L'Empire, si débile depuis 395, morcelé, exsangue, n'avait même plus la *volonté* de lutter, et s'écroulait sans bruit, en 476, telle une dune de sable sous la tempête. L'Église, elle, restait debout, comme un îlot rocheux, mais battue de tous côtés par les Romains d'Orient, ariens, les Ostrogoths et les Wisigoths, ariens, les Burgondes, ariens. Dans cette effroyable tourmente, dans ce naufrage de toute civilisation, de toute autorité, Rémi voyait se débattre désespérément les Gallo-Romains catholiques, trop isolés, souvent trop amollis pour lutter efficacement ; et un peuple, un peuple jeune, ardent, fier, décidé, mais barbare et païen, qui descendait du nord, attiré par toutes ces ruines.

Rémi sentit dans ces païens le salut de l'Église catholique et, sans hésiter, se détournant des peuples usés par les excès de la civilisation, il alla droit aux Francs.

A l'époque où le jeune évêque de Reims suivait les événements dramatiques qui se se succédèrent jusqu'en 476, vivait à Paris une sainte femme dans la maturité de l'âge, toute-puissante sur ses concitoyens ; je veux parler de Geneviève. En ces années troublées, la protectrice de Paris n'hésitait pas à entreprendre de long et périlleux voyage, et son historien signale à plusieurs reprises sa présence à Laon, et aux environs de Reims, où elle connut Rémi.

Elles sont face à face, ces deux grandes figures du ve siècle. Geneviève, maigrie par les jeûnes, mais ferme, alerte, fixe sur l'avenir son regard pénétrant ; l'univers sombre, mais elle pressent qu'un autre monde va paraître ; reliée au passé par tant d'attaches, elle devine en Rémi celui qui assurera le lendemain de la Gaule et de l'Église. Et lui, lui, le grand seigneur gallo-romain, le profond politique, acquiert aux côtés de Geneviève l'expérience qui lui manque encore, il achève près de cette femme du peuple son éducation d'évêque. Et tous deux, unis en Dieu dans ce monde incohérent, chaotique, qu'est alors la Gaule, attendent avec confiance des temps meilleurs pour la France. Mais entre ces temps et eux, il y a un abîme. Qui donc le comblera, ou jettera un pont par-dessus le gouffre ?

II

L'Empire, en s'engloutissant, avait laissé çà et là quelques
représentants de son autorité passée, comme un navire, en
s'abîmant dans les vagues, laisse flotter à la surface des eaux
quelques-uns des marins qui le gouvernaient. A Soissons
régnait, si j'ose ainsi dire, Syagrius, représentant de cette
autorité disparue. Il administrait au milieu de l'indifférence
générale; peu importait, à ces populations sans cesse menacées
par les exactions romaines ou par les pillages barbares,
d'obéir à un Syagrius ou à un Childéric; un peu de tran-
quillité, un peu de sécurité était tout ce qu'elles demandaient.
Et cela, seuls, les évêques, en ce siècle de fer, pouvaient le
donner; les vrais maîtres, c'étaient eux. C'étaient eux qui
assumaient les responsabilités, prenaient des décisions, pro-
tégeaient les humbles, tenaient tête aux puissants, inter-
cédaient pour les coupables, défendaient la ville, négociaient
les traités. C'est ainsi qu'agirent saint Aignan à Orléans,
saint Loup à Troyes. A Soissons, Syagrius n'avait du pouvoir
que le titre; mais ce titre était un titre romain. Aussi,
lorsque le jeune Clovis, successeur de Childéric, poussé
invinciblement vers le sud par son destin, voulut abattre le
dernier reflet de l'Empire, c'est contre Syagrius qu'il lança
sa horde.

Les Romains, isolés au milieu des populations barbares,
sont facilement vaincus; Syagrius prend la fuite. Les Francs
victorieux entrent dans Soissons.

Que ce dut être terrible, cette prise de la ville par les
belliqueux sectateurs d'Odin! Voyez les Gallo-Romains tremblants réfugiés dans leurs maisons, dans leurs églises, ou
s'enfuyant au hasard à travers la campagne. Les Francs,
encore enivrés de leur victoire, se répandent dans la cité
romaine. Ils déferlent dans les rues, sur les places, avec
des chants de guerre; ici, ils tuent; là, ils épargnent; ils
brûlent cette maison-ci, respectent sa voisine; pillent le

« château d'albâtre », somptueuse résidence de Syagrius. La cathédrale les attire par ses richesses, ses trésors. « Pillons, entassons les vases, les bijoux, les monnaies, les vêtements de pourpre, les calices, les ornements sacrés. »

La population terrifiée assiste, impuissante, au sac de la ville, cependant que le butin, réuni en un même lieu, est gardé par les hommes de Clovis.

Combien de temps dure cette orgie? Comment Clovis ne l'empêcha-t-il pas?

Clovis était roi des Francs depuis quatre ans, mais roi nommé par acclamations. C'était, si j'ose ainsi dire, un chef de bande; et un chef de bande doit compter avec ses hommes, autoriser bien des choses; en outre, ce chef n'avait que vingt ans : même pour un général de la plus haute valeur, c'est bien jeune, vingt ans! Enfin, les mœurs des barbares, les habitudes de ce temps, faisaient du pillage de la ville conquise un usage admis par tous.

Tandis que l'orgie bat son plein, un messager tremblant d'effroi se présente à Clovis, de la part du seigneur Rémi, évêque de Reims. Le roi franc le fait introduire dans ce château d'albâtre d'où Syagrius a fui, et où règne un affreux désordre. Le païen s'incline en touchant la lettre que lui envoie le prélat, et en attend la lecture.

Clovis n'a sans doute encore jamais vu l'illustre évêque, et pourtant il le respecte, le vénère et écoute ses conseils.

Il n'avait que quinze ans quand ses guerriers le proclamèrent roi. Tout le pays de la Sambre et de l'Escaut lui obéissait; déjà le jeune païen jetait les yeux sur la Seine, vers ce Paris où son père Childebert avait maintes fois résidé au temps des empereurs. Mais entre l'Escaut et Paris, il y avait les Romains à Soissons, il y avait à Reims un évêque, chef tout-puissant de son diocèse, et qui pouvait, s'il le voulait, fournir un appui sérieux au pouvoir branlant de Syagrius. Mais Rémi, administrateur et homme d'Église, secouant l'autorité du débile Romain, secouant tout ce qui entravait la jeune Gaule dans sa marche vers le progrès, Rémi s'était résolument tourné vers le chef des barbares.

« Nous apprenons, lui écrivait-il, que tu viens de prendre en mains le gouvernement de la Gaule Belgique. »

Il le saluait comme le roi légitime. Mais ce roi arrivait à peine à la jeunesse, et le puissant évêque donnait dans la suite de la lettre quelques conseils prudents ; il lui exposait le programme qui lui donnerait sans conteste la puissance dans la Gaule catholique : gouverner d'accord avec les évêques qui étaient des souverains chacun en son diocèse.

Clovis avait alors reçu avec empressement le salut et les conseils de Rémi. Sans s'être rencontrés, ils avaient des relations fréquentes. Il n'avait donc pas lieu de s'étonner qu'au lendemain d'une victoire, l'évêque Rémi lui adressât un message, de félicitation sans doute. Il attendait avec impatience la lecture de la lettre ; le jeune clerc tremblait toujours ; enfin, il se décida.

Rémi, en effet, commençait par les compliments d'usage ; il louait Clovis d'avoir abattu son ennemi, de s'être emparé de la capitale de Syagrius. Mais il venait d'apprendre par des réfugiés que les soldats francs, en se livrant au pillage de l'église, avaient joint à leur butin un vase précieux provenant de la cathédrale de Reims, et dont il donnait une description exacte. Avec beaucoup de dignité, sans oublier toutefois que l'évêque de Reims était le sujet de Clovis, il demandait au roi s'il ne lui était pas possible de lui faire restituer ce vase.

Clovis est assis sur quelque siège incrusté, vrai trône en la salle principale du château ; le roi barbare, la francisque à la ceinture, ses vêtements de guerre tailladés de coups, ternis par la poussière et les intempéries, caresse machinalement sa longue moustache en écoutant la lecture de la lettre. Il réfléchit un instant. Certes, la demande de Rémi est hardie ; il est contraire aux usages francs de mettre hors part un objet du butin ; d'un autre côté, Rémi est tout-puissant à Reims, matériellement et moralement ; jusqu'à ce jour, il a entretenu les meilleurs rapports avec Clovis ; que le roi lui rende le service qu'il demande, lui *fasse cette grâce,* et l'évêque est à lui.

« Je souhaite, dit-il enfin au clerc, pouvoir faire rendre à l'évêque ce qui lui appartient, mais ne le puis sans l'assentiment de mes antrustions. Reste en cette ville, et quand tu la quitteras, peut-être emporteras-tu le vase consacré à ton Dieu. »

Le butin est étalé dans une cour du château; les meubles précieux, l'or monnayé, les bijoux, les tissus, les tapis, les objets d'art, peut-être quelques esclaves, voisinent étrangement.

Clovis reconnaît, à la description qu'en a donnée Rémi, le vase de Reims, et le fait mettre à part.

« Mes fidèles, dit-il simplement en le désignant aux antrustions, ceci est un objet sacré des chrétiens; il n'appartient pas à Soissons, mais à Reims. Je vous demande votre avis. Voulez-vous que ce vase me soit donné en outre de ma part de butin, afin que je le restitue à l'évêque de Reims qui le désire? »

Un profond silence suit la requête du roi. Le vase est beau et chacun aimerait à l'avoir dans sa part; mais le butin est abondant. Le puissant évêque s'est toujours montré favorable aux Francs; les fidèles vont donner leur assentiment à la proposition du roi, quand l'un d'eux, sortant des rangs, se dresse impérieux devant Clovis : « Tu n'auras que ce que le sort t'accordera! » et, d'un geste net, il lance sa francisque sur le vase et le met en morceaux. Clovis a un frémissement de colère aussitôt réprimé; ce qu'il demandait n'était pas légal, il n'a rien à objecter, mais il se souviendra!

Le chroniqueur qui rapporte cette histoire ne nous dit pas comment saint Rémi accueillit l'insuccès *apparent* de sa démarche. En tout cas il pouvait être tranquille : le vase, il est vrai, ne rentrerait pas à Reims; à la vérité aussi, un antrustion avait fait la loi à Clovis. Mais Clovis grandirait en gloire et en puissance, et il avait donné la preuve qu'il était avec Rémi.

III

Aussi l'évêque de Reims suivait-il attentivement les progrès des Francs vers la Seine. Il voyait parfois Geneviève, et tous deux rêvaient du jour où la Gaule Belgique aurait un roi catholique. Mais ce jour ne semblait pas près de venir : Paris, subjugué par sainte Geneviève, fermait ses portes à Clovis païen dont saint Rémi restait le fidèle ami.

Clovis chrétien et catholique, les Francs opposés aux Burgondes et aux Wisigoths ariens qui opprimaient les catholiques au sud de la Loire, tel était le rêve patriotique et religieux de l'évêque de Reims; rêve irréalisable, semble-t-il. Il y avait déjà bien des catholiques dans l'entourage de Clovis, mais leur influence était nulle; pour la rendre active, efficace, il fallait quelqu'un qui eût tout pouvoir sur le jeune roi.

Les Francs entretenaient des relations cordiales avec les Burgondes, des ambassadeurs voyageaient d'une cour à l'autre; et c'est ainsi que parvint à Reims comme à Soissons la renommée de la beauté de Clotilde, nièce du roi Godégésil, près de qui elle vivait à Genève. Clotilde était belle, disaient les envoyés francs. Clotilde était une ardente catholique, une âme pure, un esprit élevé, dit probablement saint Avit, évêque de Vienne, à Rémi.

Clovis désira avoir comme épouse cette princesse si belle; les antrustions désirèrent avoir comme reine la fille des rois burgondes; Rémi désira voir près du roi païen la pieuse catholique. Derrière les murs de Paris, Geneviève priait.

Je vous ai raconté comment une ambassade solennelle alla chercher la jeune Burgonde et l'amena à son époux.

Les noces eurent lieu avec un grand éclat dans la vieille cité de Soissons. Rémi lui-même bénit cette union devant Dieu : il enveloppa de la même écharpe symbolique l'homme païen et la femme chrétienne : il présida à l'échange des anneaux ; il appela sur eux les bénédictions de Dieu. « Qu'ils voient les enfants de leurs enfants jusqu'à la quatrième génération. » Car les enfants de Clotilde et de Clovis doivent être chrétiens.

Une intimité respectueuse s'établit rapidement entre la jeune reine de dix-huit ans et l'évêque, alors dans toute la force de l'âge et l'éclat de sa puissance. Leur désir, leur rêve, était le même.

Et là-bas, enfermée dans Paris, Geneviève joignait ses prières aux leurs pour la conversion de Clovis.

Cependant l'horizon politique des Francs s'assombrissait : les Alamans se ruaient sur le Rhin, les Francs Ripuaires leur tenaient tête à grand'peine ; Clovis et ses Francs Saliens se lancèrent à la rescousse. La lutte devait être terrible et sans miséricorde ; tous le sentaient, mais nul, peut-être, ne se rendait mieux compte que Rémi des conséquences d'une défaite de Clovis : ce serait la Gaule ouverte, une blessure béante au flanc, ce serait de nouveau l'invasion, le pillage, le carnage, Odin maître du pays, le catholicisme écrasé !

Clovis est parti à la tête de troupes éprouvées, Clotilde est à Soissons, Rémi est à Reims. Qui pourra jamais dire quelles ferventes prières montèrent de là vers le ciel ? Que demandait l'évêque, à l'autel ou dans le secret de son oratoire ? « Seigneur, donnez la victoire à Clovis ! Seigneur, que Clovis comprenne que c'est à vous qu'il devra le succès de ses armes ! » Rémi prie, prie sans cesse et attend des nouvelles. Qu'elles sont longues à venir !

Clovis est vainqueur. C'est en vainqueur qu'il rentre à Soissons, acclamé par les Gallo-Romains comme par les Francs, par les chrétiens comme par les païens. Les églises retentissent des *alleluia* et des chants d'allégresse.

« Seigneur évêque, la reine Clotilde envoie vers toi un messager de son palais, qui doit te parler en particulier. »

Un serviteur soulève une lourde tenture, introduit près de Rémi un clerc de la maison de la reine, puis se retire à pas discrets. Les portières, les tapis, les fourrures étouffent tous les bruits; rien ne trahit l'entretien des deux prêtres.

Lorsque Rémi, écartant à son tour le rideau, paraît sur le seuil, son visage rayonnant porte encore les traces des larmes de joie qu'il a versées; mais il lève vers le Ciel des yeux étrangement brillants.

« La reine, annonça-t-il, me mande en toute hâte auprès d'elle, mes frères. Je ne puis que répondre immédiatement à son appel. Or donc, que l'on selle des chevaux et que quelques-uns d'entre vous m'accompagnent. »

L'automne répand sur la campagne ses brumes incertaines que perce, çà et là, la note éclatante des feuilles de merisiers ou de vigne. Le cortège épiscopal se hâte, tantôt sur la chaussée romaine, tantôt à travers les forêts qui s'épaississent chaque année davantage dans cette Gaule assauvagie. Et bientôt voici Soissons, résidence de Clovis.

Le prélat est introduit chez Clotilde. Un grand feu éclaire la chambre et la tiédit un peu. Clovis est là, sans armes, le regard plein de son triomphe inespéré. Les deux époux se sont levés et se prosternent ensemble. « Seigneur évêque, murmure Clotilde, bénissez-le, car désormais le ciel s'ouvre pour lui comme pour moi. »

Et Rémi bénit son roi, son ami, celui qui demande à être son élève : « Seigneur évêque, je t'ai fait mander afin que tu m'enseignes le Christ ressuscité, Celui qui a sauvé mon armée au champ de Tolbiac. Je crois en lui parce qu'il m'a donné la victoire au moment où j'allais périr. Peut-être croyais-je en lui déjà; depuis ce jour, je suis sûr. Je veux être baptisé, mais je te prie, saint évêque, de ne point encore révéler ma conversion. Mes antrustions n'en sont pas instruits. » Sans bruit, en cette grande salle obscure que les tentures assombrissent encore, mais où les flammes du foyer envoient de subites clartés, saint Rémi et saint Vast vont instruire le roi, lui apprendront surtout à ne pas être arien, à être le roi d'un pays catholique.

L'hiver approche, le converti sait ce qu'il doit savoir, mais lorsque Rémi lui demande : « Roi, quand recevras-tu

« Ce n'est pas moi, évêque, qu'il faut convaincre, mais ceux de la bande. »

l'eau du baptême? N'es-tu pas convaincu de la vérité de la sainte religion? » Clovis, les yeux sombres, fixe un instant les flammes, puis se tournant vers le saint : « Ce n'est pas moi, évêque, qu'il faut convaincre, mais ceux de ma bande. »

La *bande*, les antrustions qui font et défont les rois, sans lesquels lui n'est rien, devant la volonté de qui il doit s'incliner (souvenez-vous du vase de Soissons), ce seront eux qui, par leurs acclamations, feront de Clovis chrétien le plus grand roi de l'Occident, ou, au contraire, reniant un chef catholique, méprisant en lui la religion de Clotilde, élèveront à sa place sur le pavois un adorateur d'Odin.

Que va dire la bande? La voici réunie.

Rémi, naturellement, n'assiste pas à cette assemblée d'un caractère purement militaire. Comme Moïse pendant que les Hébreux combattaient, il élève ses mains vers le Ciel, et il prie; et de même que Moïse arracha ainsi au Seigneur la victoire de son peuple sur les idolâtres, de même Rémi, priant pour Clovis, obtient le miracle de l'adhésion immédiate et unanime des antrustions.

« Demandez et vous recevrez, a dit Jésus, et l'on répandra dans votre sein une mesure pleine, pressée, surabondante. »

Rémi a demandé au Seigneur que les leudes consentent à rester fidèles à Clovis baptisé; or, non seulement les leudes disent oui, mais encore, au nombre de trois mille, ils réclament le baptême et veulent se convertir avec leur roi!

IV

Nous voici au jour de Noël de l'an 496. Reims, métropole religieuse de la Gaule du nord, célèbre dignement la naissance du Sauveur à la vie terrestre, la naissance de Clovis de ses sœurs, de sa bande, à la vie surnaturelle. Jour à jamais mémorable !

Conduit par Rémi, Clovis pénètre dans le baptistère, entouré des évêques ; il dépouille ses vêtements et entre dans la piscine. Le métropolite est transfiguré ; il a vécu, il a gouverné, il a prié, pour que luise ce jour ; il tremble d'émotion au moment de voir enfin catholique la Gaule franque.

L'eau sainte coule sur la tête du roi, sur le front de ses sœurs, sur ses trois mille guerriers. Alors la Gaule chrétienne ouvre les bras à la France. Paris et Geneviève s'inclinent devant le vainqueur. Les évêques et les Gallo-Romains, persécutés par les ariens, clament vers le nouveau baptisé leurs misères et leurs espoirs. La France va grandir, entraînant dans un élan irrésistible rois, peuples, moines, évêques, guerriers, barbares, civilisés, conquis et conquérants.

Ce Clovis que certains historiens nous représentent sanguinaire, massacrant ou faisant massacrer ses proches parents pour hériter de leurs royaumes et de leurs trésors, était pourtant d'une vive sensibilité. Lorsque sa sœur Alboflède, baptisée avec lui, mourut peu après dans un monastère, la douleur du roi fut si grande, nous dit Grégoire de Tours, que saint Rémi lui-même dut lui rappeler qu'il était roi, et se devait à son peuple avant de se devoir à sa famille. « Seigneur roi, lui écrivait-il, chasse cette tristesse de ton cœur, il te reste ton royaume à gouverner. Tu es chef d'un grand peuple et tu as à porter le poids de son administration ! »

Saint Rémi peut maintenant rentrer dans l'ombre, l'histoire peut désormais être muette sur lui. Le 25 décembre 496, il a consommé son œuvre : il a jeté les Francs dans le sein de l'Église catholique.

SAINT MAUR

ET L'ARRIVÉE DES BÉNÉDICTINS EN GAULE

> « Goûtez les choses du ciel et non celles de la terre, car vous êtes morts et votre vie est cachée en Dieu avec Jésus-Christ. »

Au milieu de l'époque mérovingienne, de ses désordres, de ses vices, nous voyons se développer les institutions monastiques. Déjà saint Martin avait fondé à Ligugé et à Marmoutier les premiers couvents d'hommes de France : d'autres apôtres énergiques, mais moins universellement connus, saint Lucipin et saint Romain, faisaient de même dans les montagnes du Jura, lorsqu'au VIᵉ siècle se produisit un fait nouveau qui devait avoir en Gaule un retentissement considérable.

Un solitaire d'Italie, Benoît, avait vu un grand nombre de moines se ranger sous son autorité; ils se multiplièrent à tel point que Benoît fonda pour eux d'autres couvents, et écrivit une règle de vie très minutieuse, mais conçue dans un esprit très large, et qui entremêlait intelligemment les travaux corporels, les travaux intellectuels et les exercices religieux. Cette règle, la règle *bénédictine,* devait bientôt devenir la règle générale des moines dans tout l'Occident. Or, en 542, l'évêque gallo-romain du Mans fit demander à saint Benoît une colonie de moines pour établir un couvent dans son diocèse. Répandre la vie bénédictine en Gaule, le pays le plus catholique de la chrétienté, quel rêve pour le saint fondateur! Aussi, s'empressant d'accéder au désir de l'évêque, il désigna son disciple le plus ardent, Maur, et quatre autres religieux, pour cette importante mission ; il leur remit une copie de sa Règle, ainsi que le poids du pain et la mesure de vin que chaque religieux avait le droit de consommer en un jour.

Maur était un des premiers compagnons de Benoît ; c'était le disciple qui a une foi absolue en son maître, et voici un fait qui montrera quels miracles l'obéissance peut accomplir : un jeune enfant, fils du seigneur de Subiaco, rendait des services domestiques à la communauté ; un jour, en puisant de l'eau, entraîné par le poids de la cruche, il tomba et roula dans le lac. Grand émoi parmi les frères, mais nul ne semblait se soucier de se jeter au secours de l'enfant qui se débattait, au risque d'être entraîné avec lui. Alors saint Benoît se tourne vers Maur : « Cours promptement chercher cet enfant, dit-il simplement. » Maur n'hésite pas, il se précipite vers le lac qui va probablement l'engloutir. Mais, ô prodige ! les flots se raffermissent sous les pieds du sauveteur ! Comme jadis le divin Maître, il marche sur les eaux, arrive aisément près de l'enfant et le remène à la rive.

« A quoi attribuerai-je un si grand miracle, dit Bossuet, à la force de l'obéissance, ou à celle du commandement ? »

Voilà donc nos missionnaires partis ; mais en ces temps troublés où les guerres étaient incessantes, les routes (et quelles routes !) peu sûres, il se passait longtemps entre un départ et une arrivée. De plus, ce voyage fut en même temps une inspection et un pèlerinage. En effet, nous voyons Maur et ses compagnons au monastère d'Agaune (Saint-Maurice en Valais), fondé en Suisse par un roi burgonde, puis à Condat (Saint-Claude, dans le Jura) ; ils s'arrêtèrent évidemment en d'autres lieux ; si bien que, lorsqu'ils arrivèrent au Mans, l'évêque qui les avait appelés était mort, et son successeur refusa de les admettre dans son diocèse. Que faire ? Retourner en Italie ? Ils n'y songèrent même pas et cherchèrent simplement un coin qui voulût bien abriter leur monastère.

Les voici en Anjou. Ce pays était alors sous la domination de Théodebert, petit-fils de Clovis et roi d'Austrasie, c'est-à-dire de la Gaule de l'est. Ce domaine lointain était gouverné par le vicomte Florus, probablement un Gallo-Romain. Florus, au contraire de l'évêque du Mans, accueillit avec joie ces colons venus de si loin ; le grand seigneur terrien s'empressa vers eux ; il leur fit don d'une de ses propriétés pour construire leur église et leur couvent ; il confia l'un de ses fils au grand bénédictin pour l'élever suivant les règles de saint Benoît. Lui-même, dit-il à saint Maur, était tourmenté du désir de se consacrer à Dieu. Mais il ne pouvait quitter son gouvernement d'Anjou sans la permission du roi, et Théodebert résidait si loin... Maur répondit à cet accueil chaleureux ; le don de Florus fut régularisé devant témoins, et bientôt s'éleva au bord de la Loire le monastère de Glanfeuil.

L'Anjou, c'est le pays de douce France, le pays paisible et riant, aux lignes calmes, aux horizons charmants. C'était bien le lieu rêvé pour être, en Gaule, le berceau de l'ordre monastique qui deviendrait durant des siècles le refuge des lettres, des arts, l'abri des âmes pieuses ou blessées. Glanfeuil devait rapidement essaimer dans la Gaule entière.

Respectueux des souvenirs gaulois, des premiers essais de la vie monastique en Gaule, saint Maur consacra une des chapelles du premier couvent régulier de France à saint Martin, le grand évêque, le grand moine, resté si populaire dans tout le pays de la Loire.

Cependant le vicomte d'Anjou n'avait pas oublié la promesse qu'il avait faite à l'abbé de le rejoindre un jour en son monastère. Aussitôt après l'installation des Bénédictins à Glanfeuil, Florus envoya un messager à son roi, le jeune Théodebert, petit-fils de Clovis. Il lui mandait d'abord qu'il avait autorisé en son nom des religieux étrangers à s'établir sur le sol de l'Anjou ; puis, avouant à son prince qu'il était las du bruit du monde, de la guerre, du gouvernement, des grandeurs, il le suppliait, au nom de leur amitié, d'envoyer quelque autre de ses leudes à Angers, et de lui donner, à lui, la permission de dépouiller ses titres et de revêtir le froc du moine.

Jamais, je crois, pareil fait ne s'était encore produit dans la Gaule mérovingienne. Des nobles, des fils ou filles de rois, étaient entrés au couvent, mais c'étaient des prisonniers, des vaincus que l'on mettait là comme en une prison. Qu'un des principaux officiers du roi, dans toute la force de l'âge, dans la splendeur d'un poste envié, sollicitât la faveur de s'ensevelir en un cloître, c'était là chose tellement inouïe, que Théodebert monta à cheval et, suivi de ses fidèles, alla lui-même voir ce Maur qui séduisait ainsi les puissants. Ce fut la première rencontre, dans l'histoire de France, d'un roi et d'un bénédictin, comme ce fut la première vocation *libre* d'un noble leude.

Théodebert, comme tous ces rois mérovingiens quelque peu barbares, aime le faste, la pompe royale, tout ce qui peut rehausser aux yeux du public son prestige de chef; en outre, il a emprunté aux traditions de l'Empire la magnificence des vêtements et des cortèges romains. Il vient en ami à Glanfeuil, oui; mais il entend bien y être reçu comme le maître tout-puissant devant qui tous s'inclinent.

Une longue suite de guerriers en armes, montés sur de grands chevaux ardents, une armée de courtisans gallo-romains, titulaires des charges civiles au palais, les clercs de la chapelle du roi, arrivent au monastère un peu comme en pays conquis. Ils se rangent respectueusement pour laisser passer Théodebert, vêtu de pourpre, les cheveux flottants. Le moine portier s'incline, livre passage au cortège royal et Théodebert demande l'abbé Maur. Celui-ci arrive, mince et pâle sous son froc noir, le grossier capuchon rejeté en arrière laissant voir la tonsure, son maigre visage entièrement rasé, mais si imposant, si rempli de majesté, que Théodebert, soudain, se sent tout petit, lui, le roi d'Austrasie, tout petit, tout humble devant ce moine aux yeux noirs, au maintien si plein de dignité. Il descend de cheval, se prosterne à genoux, demande au saint ses prières, sa bénédiction. Puis, tout surpris de sa timidité, il

Il monte à l'autel, enlève solennellement son baudrier militaire.

pénètre dans le monastère à la suite de l'abbé. Il demande à tout voir, à tout visiter, dans ce lieu étrange où Florus veut s'ensevelir. Tout un jour, il vit avec les moines, partage leur ascétique repas, assiste aux offices, et donne solennellement un nouveau domaine au couvent.

Pendant ce temps, que devenait Florus? Le vicomte d'Anjou, au contact de saint Maur, avait senti s'affermir sa vocation. Théodebert, déjà ébranlé dans son âme par tout ce qu'il avait vu, par ce qu'il avait entendu, céda aux prières de son ami, de son officier; il lui accorda d'entrer dans la sainte compagnie et voulut assister à sa solennelle renonciation.

Voici comme je m'imagine la première prise d'habit d'un leude franc :

L'église des Bénédictins est grande, car les moines sont nombreux et le couvent sert probablement de paroisse aux pays environnants. Les frères sont là, dans le chœur, quarante ou cinquante... plus peut-être; l'abbé est près de l'autel, revêtu de ses insignes; lui est prêtre, mais n'oublions pas qu'en général les moines ne le sont pas. Sur l'autel recouvert d'une toile de lin brodée, les Évangiles et la règle de saint Benoît, sous la douce lumière des cierges de cire. Au milieu de cette église qui ressemble si peu à celles des siècles suivants, voici la horde brillante des seigneurs austrasiens; les vêtements aux vives couleurs, les bijoux d'or, les ceintures d'émail, les armes étincelantes, font un étrange contraste avec les robes noires des moines qui chantent au chœur. Le roi est à la tête de ses fidèles, en proie à une émotion qu'il n'essaye pas de dissimuler, car ces natures violentes, primesautières, ne savaient pas cacher, comme nous, les mouvements de leur âme. Enfin, seul, debout devant saint Maur, le vicomte Florus, en habits de fête, avec tous les attributs de sa noblesse et de sa fonction.

La cérémonie commence. Avant de renoncer à ses biens d'ici-bas, Florus fait une nouvelle donation au couvent qui va l'abriter. Suivant la formule officielle, il affranchit de la servitude vingt esclaves et leur assure de quoi vivre librement. Maintenant, c'en est fini pour lui de ce qui est terrestre. Il monte à l'autel, enlève solennellement son baudrier militaire, le baudrier qui soutenait l'épée, le dépose près de la Règle, et vient s'agenouiller gravement devant son roi pour lui demander congé de le quitter.

« Seigneur roi, demande alors saint Maur, en signe que vous remettez votre vicomte au Christ et à son serviteur Benoît, coupez vous-même la première mèche de ses cheveux. »

Théodebert frémit, mais, prenant les ciseaux que lui tend l'abbé, il saisit l'épaisse chevelure du leude et coupe; puis chacun des seigneurs vient à son tour faire le même geste.

Florus est tonsuré.

Il se dirige alors vers le chœur, où, enveloppé par ses frères, il disparaît aux yeux du monde.

Quelques heures plus tard, Théodebert quittait le couvent. Avant de s'éloigner à jamais de son ami, il implora de l'abbé la faveur de revoir Florus un instant. Le vicomte parut dans son costume sévère. Alors Théodebert, bouleversé, lui souhaita d'honorer son froc comme il avait honoré son épée. Mais ne pouvant plus contenir son émotion, le roi se jeta dans les bras du moine et y pleura longtemps, comme un enfant. Puis il remonta à cheval et, suivi de sa bande, repartit pour sa vie aventureuse et brillante, tandis que la porte du cloître se refermait à jamais sur Florus.

Saint Maur, dit son historien Faustus, resta quarante ans à la tête de la communauté franque de Glanfeuil; il y réunit cent quarante religieux et, lorsqu'il mourut, la règle de saint Benoît se répandait partout en Gaule.

Si je vous raconte cette simple et courte histoire, c'est pour vous montrer le respect que les moines inspiraient à ces rois mérovingiens si farouches, si sanguinaires, mais qui, en dépit de leurs crimes, croyaient en Dieu et avaient confiance en ces intercesseurs. Nous les verrons désormais se rencontrer constamment.

LES ERMITES

Au temps des fils et des petits-fils de Clovis, la Gaule ne ressemblait plus en rien à ce qu'elle était lorsque les Barbares s'étaient abattus sur elle. Sauf dans la région méditerranéenne, toute trace de civilisation avait disparu. Les villes les plus opulentes, les plus lettrées, comme Senlis, Tours, Soissons, Autun, devenues des bourgades, se repliaient davantage sur elles-mêmes à chaque invasion, à chaque assaut ; les temples anciens démolis fournissaient des matériaux pour élever des remparts ; autour de ces fantômes de villes, une campagne de plus en plus abandonnée, et retournant rapidement à l'état sauvage ; les antiques forêts gauloises, éclaircies par les Romains, se développaient, se rejoignaient, et couvraient des provinces entières d'un réseau inextricable de broussailles, d'arbres, de lianes enchevêtrées, interceptant le soleil et entretenant dans cette ombre mortelle, dans cette obscurité terrifiante, une humidité perpétuelle ; des ruisseaux ne pouvant pas se créer d'issue s'étalaient en marécages malsains. Et, dans ces immenses forêts, vivaient en maîtres loups, sangliers, buffles, chacals, chevreuils, loutres, castors, et probablement aussi les descendants d'animaux domestiques, rendus à la vie sauvage par l'abandon des campagnes : bœufs, chèvres, et chiens même. Et l'homme ? L'homme reculait peu à peu devant la forêt envahissante, devant les fauves triomphants ; paysan, il se retirait dans les villas des leudes et cultivait pour eux, sous leur autorité et leur protection ; ouvrier, il s'abritait en quelque cité appartenant au roi ou à l'évêque et, par là, à peu près préservée ; riche propriétaire campagnard,... mais cela n'existait plus. Le propriétaire s'abritait sous le patronage d'un seigneur franc ou d'un évêque. Et le désert s'étendait en Gaule, favorisant le vol, le brigandage, les guerres privées.

Je vous ai raconté qu'un évêque angevin accueillit et installa dans son diocèse les premiers moines bénédictins sous la conduite de saint Maur. Très rapidement, d'autres *colonies* de moines fondèrent des couvents un peu partout en Gaule, et bientôt les religieux qui peuplèrent ces monastères ne vinrent plus de l'étranger ; ils semblaient jaillir spontanément du sol. Les fondateurs de ces couvents fuyaient les villes, les centres peuplés ; nous n'en voyons ni à Reims, ni à Paris. Ils recherchaient de préférence les lieux déserts, soit que ceux-ci convinssent mieux à la méditation, soit qu'ils offrissent un champ plus vaste au travail manuel ordonné par la règle, soit que, loin des rois mérovingiens, des tragédies qui trop souvent ensanglantaient leurs palais, les moines trouvassent comme un avant-goût de la paix éternelle.

Placés comme des postes avancés à l'entrée des sombres forêts impénétrables, ils fertilisaient peu à peu les terres qui les entouraient. Mais ce dur labeur, cette vie austère de la communauté ne suffisait pas à certains. Ils demandaient encore plus de solitude, encore plus d'austérité. Ceux-là pénétraient dans ces forêts inextricables, seuls ou avec un ou deux compagnons. Vivant de la vie la plus sauvage et la plus primitive, comme autrefois les anachorètes d'Orient, ils priaient, contemplaient Dieu et étudiaient. Mais le climat de Gaule a d'autres exigences que celui d'Égypte ou de Syrie ; on ne peut pas, dans nos pays, se nourrir de quelques dattes ou d'une poignée de figues, demeurer à peu près nu dans une excavation de rocher. Pour y vivre, il faut travailler, lutter âprement ; et c'est en mêlant à la prière la culture de la terre que les ermites de Gaule convertirent des paysans devenus brigands, rendirent fertiles des terres incultes, apprivoisèrent des animaux sauvages. C'est une étrange histoire que celle de ces solitaires, pleine de gracieuses légendes et de graves enseignements, et dont je voudrais vous conter quelques épisodes, vous rendre familiers quelques héros.

L'un des plus typiques est Karileff. La ville de Saint-Calais, dans la Sarthe, marque l'emplacement de sa sauvage retraite.

SAINT KARILEFF, mort vers 540

> « Mes pensées, dit le Seigneur, sont
> des pensées de paix et non d'affliction. »

I

De sa jeunesse, je ne sais que ceci : c'était un noble Arverne. Fut-il d'abord guerrier ou se consacra-t-il tout de suite au Seigneur? Je ne puis vous le dire. Nous le trouvons compagnon de saint Avit à l'abbaye de Micy. Vous vous rappelez ce saint moine Avitus, qui prédit à Clodomir sa fin tragique et celle de ses enfants en punition de sa cruauté envers son prisonnier, le roi des Burgondes?

Karileff, voulant servir Dieu de plus près encore, plus exclusivement encore qu'à Micy, partit avec deux compagnons, épris comme lui de la vie solitaire, et marcha vers l'ouest, à travers forêts, marais et clairières, jusqu'à ce qu'il eût trouvé la retraite rêvée. Il la rencontra enfin dans la forêt du Mans, en un lieu aussi sauvage, aussi ignoré, aussi désert qu'il pouvait le désirer.

Là, les trois moines se construisirent une cellule primitive; puis, comme je vous l'ai déjà expliqué, pour pouvoir vivre, défrichèrent un coin de terre, semèrent quelques légumes, peut-être un peu de blé, et plantèrent une vigne;

je vous signale cette vigne qui joua un rôle dans la vie de notre saint.

Rien, dans la France actuelle, sillonnée de routes et trop souvent déboisée, ne peut donner l'idée de ce site sauvage, égayé par cette petite clairière. Et pourtant, quand je relis l'histoire du saint ermite, un paysage familier s'impose à ma mémoire. Bien souvent j'ai parcouru, modeste promeneuse, une forêt bien loin du Maine : sapins, hêtres, merisiers et chênes y grandissent, droits, élancés vers le ciel, tamisant les rayons du soleil ; des rochers moussus surgissent entre les arbres ; des champignons poussent à l'ombre dans le terreau que forment d'épaisses couches de feuilles mortes ; les oiseaux pépient joyeusement dans les frondaisons ; parfois, j'entends quelque bruit sec suivi d'une fuite éperdue : ce sont des écureuils qui détachent et grignotent des pommes de pin, puis se sauvent de branche en branche. Vous ne vous imaginez pas quelles bêtes effrontées sont ces écureuils ; mais soyez sûrs que Karileff le savait, qu'il vit comme moi des écureuils trottiner sans défiance devant lui ou manger près de lui des noix ou des faînes... Dans ma forêt ombreuse, dans un repli de terrain, sont les ruines d'une petite chapelle en pierres sèches : trois pans de mur, une fenêtre en ogive, des pierres éboulées ; nous l'appelons l'ermitage du Maure ; et de la mousse, des feuilles, de l'ombre, les mille bruits mystérieux de la forêt silencieuse ! Puis, brusquement, à quelques pas de là, le soleil inonde une fraîche prairie ; là s'élèvent des ruches d'abeilles près d'une maison forestière, pâturent deux ou trois vaches ; des poules y picorent en liberté ; il y a une fontaine ; et, tout autour de cet îlot de clarté, la forêt, la forêt immense, à la fois déserte et peuplée, asile des renards, des lièvres blancs, des buses et des éperviers, la forêt aux fleurettes sauvages, aux fruits inconnus, aux recoins inexplorés.

Mais *ma* forêt a des sentiers et des routes, des chemins de coupe où les bûcherons font le charbon de bois ; j'entends parfois le bruit de la cognée et le gémissement d'un arbre qui s'abat.

Karileff avait défriché sa clairière autour de sa hutte ; il vivait des produits de son jardin et de la forêt ; nul soin terrestre ne le distrayait de la prière et de la contemplation ; mais cet homme sauvage dont les cheveux et la barbe poussaient librement, dont la nudité était à peine cachée par la grossière robe du moine, dont les gestes étaient rares et le silence habituel, cet homme à l'âme très pure exerçait un mystérieux attrait sur les animaux de la forêt.

Un jour, lisons-nous dans la vie de saint Karileff, au commencement de l'été, l'ermite s'installa à travailler sa vigne, accomplissant dans cette œuvre matérielle la parole du Seigneur : « Toute branche qui ne porte pas de fruit en moi, il la retranchera ; et toute branche qui porte du fruit il l'émondera pour qu'elle en porte davantage. »

Le solitaire se donnait tout à sa besogne ; dans la clairière où il avait planté sa vigne, le soleil, montant sur l'horizon, frappait rudement le pauvre vigneron. Celui-ci, bientôt, ruissela de sueur sous sa robe de bure ; sentant ses forces faiblir, d'un geste prompt il enleva son froc et le suspendit à un chêne, puis se remit à l'ouvrage. Toute la journée, il tailla, bina, bêcha sa petite vigne d'ermite dont le fruit donnait un léger vin acide, car le soleil du Maine, si chaud pour qui travaille, n'est pas encore assez brûlant pour mûrir et sucrer les grappes vermeilles. Déjà le long jour d'été prenait fin ; déjà les ombres s'allongeaient sur la clairière, l'air fraîchissait, et Karileff, ayant achevé sa tâche, songea à regagner sa cellule pour réciter son office du soir. Il alla donc au chêne reprendre sa robe. Quelques flèches de soleil passaient éblouissantes à travers le feuillage ; Karileff tend la main vers le vêtement, mais, ô surprise ! dans un repli un petit oiseau est blotti, si petit, si confiant ! Un roitelet, le plus menu des « hôtes de ces bois », se cache dans le capuchon du moine, un œuf minuscule près de lui. Il n'a pas peur et darde ses petits yeux noirs sur le solitaire émerveillé, attendri.

Le soleil était couché dans le ciel pâlissant, les étoiles s'allumaient une à une. Karileff, à genoux devant l'oiselet endormi, priait et remerciait Dieu d'avoir fait servir son humble vêtement au bien-être de sa créature ; l'obscurité se fit profonde, rien ne bruissait dans l'épaisse forêt et Karileff, à genoux, priait toujours. L'aube blanchissante, l'aurore radieuse d'un beau jour de juin trouvèrent Karileff priant encore, toujours à genoux dans la rosée... Puis un bruit de feuilles froissées, de branches cassées, se fit entendre, et un énorme buffle, aux longues cornes aiguës, tendant le cou, vint poser sa tête sur l'épaule du saint. Tiré de sa contemplation, Karileff se releva. Son visage austère se détendit à la vue du buffle sauvage qui l'avait pris en affection. Il caressa doucement la musculeuse encolure, murmura quelques paroles affectueuses comme à un ami. « Maintenant, va, » dit-il. Et le buffle, secouant ses cornes, repartit au galop dans les fourrés.

II

Un jour, Karileff fut distrait de ses oraisons par un vacarme épouvantable. Se précipitant hors de sa cellule, il vit son buffle haletant, inondé de sueur et d'écume, brisant dans un galop furieux tout ce qui s'opposait à sa course, et qui, d'un dernier élan, s'abattant contre la cabane, semblait demander au saint son aide et sa protection. Karileff s'élance pour calmer son étrange ami. Mais les bruits qui l'ont attiré hors de son oratoire se rapprochent, se précisent... Aboiements de molosses, cris d'hommes excités par la lutte, appels de trompes, galop effréné d'une troupe à cheval, se mêlent, se croisent dans la forêt inviolée. Le buffle tremble. Le vieillard, devant lui, attend le danger, danger qui menace le solitaire comme le gibier. La chasse royale déferle dans l'humble clairière. Les veneurs s'arrêtent soudain devant le groupe étrange, les chiens remplissent la forêt de leurs hurlements... Quelques leudes tournent bride et courent prévenir le roi Childebert, le propre fils de Clovis, qu'un homme est là, dans la clairière, qui ose s'opposer à sa chasse, à son plaisir. Ah! Childebert n'est pas long à rejoindre ses compagnons devant la cellule du moine. Que lui importent et l'humble jardin que les chevaux piétinent, et la pauvre masure où s'abrite le buffle, et la vigne qui rougit au soleil, et même la croix devant laquelle prie l'anachorète. Il ne voit que l'homme, l'homme qui le brave et le défie, lui, le roi, lui, devant qui tous tremblent, lui, le maître!

« D'où te vient cette audace, misérable inconnu, d'envahir ainsi sans concession une forêt de mon domaine et de troubler la noblesse de ma vénerie? »

Ses traits crispés, ses yeux flamboyants attestent sa fureur. Déjà son bras se lève... Karileff n'a pas reculé. Debout devant son buffle, ses yeux purs fixés sur Childebert, il proteste avec calme qu'il n'est venu dans la forêt déserte que pour servir Dieu en paix, et que jamais il n'a eu l'intention de braver l'autorité du roi, de troubler son gibier. Ce calme, cette dignité augmentent encore la fureur de Childebert.

« Je t'ordonne, à toi et à tes compagnons, de vider ces lieux sur-le-champ. Malheur à vous si l'on vous retrouve ici! »

Il tourne bride sans daigner seulement regarder le malheureux qu'il cravache de son mépris. Karileff jette un regard las autour de lui. Ses légumes piétinés, son petit pré dévasté par les chevaux, la hutte construite par lui, la claire fontaine près de laquelle il vint se fixer il y a des années déjà, son buffle familier, il lui faut quitter tout cela pour obéir au caprice du roi? Il était si près de Dieu en cette sombre forêt!

Mais qu'y a-t-il? Pourquoi ces nouveaux cris? Childebert n'est pas loin. Ivre de fureur, il presse les flancs de son cheval qui se cabre, se débat, refuse d'avancer; il l'éperonne, le frappe avec colère. Peine perdue! Il semble qu'une force invisible retienne le roi dans l'enclos de l'ermite. Un fidèle serviteur s'approche du cavalier, lui parle à voix basse. Childebert pâlit, puis se calme peu à peu. Descendant de cheval, tremblant, il se dirige vers le saint toujours immobile, perdu dans sa douloureuse rêverie. Le buffle a disparu dans les fourrés.

« Saint homme, murmure le roi, je vois que j'ai offensé Dieu en te persécutant, et sa colère s'est appesantie sur moi. Aie pitié. Étends ta main sur mon front, bénis-moi, mon Père, et Dieu me pardonnera pour l'amour de toi. »

Karileff abaisse ses regards sur Childebert prosterné, qui n'a plus rien du souverain irrité de tout à l'heure. Du fond du cœur, l'ermite pardonne au roi et lui offre l'hospitalité du primitif abri qu'il partage avec ses deux compagnons. Le fils de Clovis prête une oreille attentive aux moindres paroles du solitaire. Ce dernier prend une coupe que son industrie a creusée dans une bille de bois ; il y verse du vin de sa vigne, de cette vigne qu'il soigne avec amour, et d'un geste plein de dignité la tend à son hôte. Childebert, dominé par la grandeur qui s'émane de Karileff, baise dévotement la main qui tient la coupe et boit à longs traits. Certes le petit vin d'une clairière mancelle est singulièrement aigre et acide ; pour employer une locution familière, c'est du vin « à faire sauter les chèvres », et Childebert le trouve franchement mauvais. Mais peu importe, ce roi féroce aux caprices cruels, aux mains teintes du sang de ses neveux, s'honore d'être reçu par un ermite. Loin de le chasser de la forêt royale, il le supplie de daigner accepter en don tout ce que lui, le roi, possède en ce canton, pour y ériger un monastère.

Karileff secoue doucement la tête et refuse. « Que ferais-je, seigneur, de l'immense domaine que tu m'offres ? Nous n'en avons nul besoin, mes compagnons et moi. Notre cabane suffit pour nous abriter, un lit de mousse pour nous coucher, un jardinet pour cultiver des herbes. Un arpent de blé, une vigne sauvage nous fournissent le pain et le vin du sacrifice. Les animaux de la forêt sont nos amis. Ici, j'ai travaillé, j'ai peiné, j'ai prié, j'ai connu plus de joie en cette solitude que toi en ton palais. Vois : les eaux divaguaient sans discipline et inondaient notre refuge ; je les ai domptées, réunies dans ce bassin de pierre que j'ai construit pour me délasser, et je me plais à songer que, plus tard, si quelque in-

« Tant que je vivrai, dit-il enfin, je ne verrai jamais visage de femme. »

connu vient me succéder en cet ermitage, il priera pour celui qui lui créa une fontaine en la forêt. Laisse-moi à ma solitude et à ma pauvreté, ô roi, ne fais pas de moi le possesseur de biens terrestres ! »

Mais plus Karileff se défend, plus Childebert le presse d'accepter sa donation.

« Réunis, dit-il, en une maison de pierres de saints hommes qui vaguent sans direction, comme tu as réuni ces eaux dans la fontaine. Peuple ta solitude d'âmes pieuses qui prieront avec toi, qui offriront avec toi le pain et le vin... Au lieu des hôtes sauvages de la forêt, pais les brebis du Christ. Ne repousse pas, ô moine, les supplications de ton roi ! »

Karileff finit par se laisser fléchir, mais n'accepta, dit-on, que l'espace de terrain dont il pourrait faire le tour en un jour, monté sur son âne.

Alors seulement, le roi et sa suite s'éloignèrent. Les chiens se taisaient ; les hommes, l'olifant en bandoulière, avaient détendu leurs arcs, rengainé leurs coutelas, et gardaient le silence.

Karileff, resté seul, songeait à sa chère vie solitaire brusquement interrompue, à la promesse à lui arrachée par Childebert d'élever un monastère ; et patiemment, il réparait les dégâts de son jardin, de son champ, de sa vigne.

III

Il put craindre un instant que sa sainte réclusion, troublée par la chasse royale, ne fût à jamais compromise : il était devenu l'objet de l'attention générale, le sujet de conversation dans la rustique villa occupée actuellement par la cour. La reine Ultrogothe, fort dévote et grande admiratrice des moines, désira vivement connaître le saint homme dont la vue avait tant ému son époux. Elle lui envoya un messager.

« Père, dit le serviteur, ma noble maîtresse, la reine

Ultrogothe, désirant se sanctifier par ta présence et tes enseignements, te fait respectueusement demander de la recevoir, afin de l'entretenir pieusement. Et pour reconnaître dignement la faveur que tu lui accorderas ainsi, elle s'engage à te faire donner entièrement ce domaine dont tu n'occupes qu'une petite partie. »

Un rayon de soleil danse gaiement sur l'herbe de la clairière, fait miroiter la fontaine bien-aimée ; l'envoyé d'Ultrogothe, richement vêtu, s'est incliné devant le moine ; son cheval hennissant cherche à brouter quelques feuilles. Debout sur le seuil de sa hutte, la barbe et les cheveux embroussaillés, la peau durcie par les intempéries, les mains gercées, déformées par les rudes travaux, Karileff écoute en fronçant les sourcils la requête de la reine.

« Tant que je vivrai, dit-il enfin, je ne verrai jamais visage de femme. D'où peut venir à cette reine une telle envie de voir un homme défiguré par le jeûne, les travaux rustiques, aussi souillé et aussi couvert de taches qu'un caméléon !... Dites à la reine que je prierai pour elle, mais il ne convient pas à un moine de vendre à une femme la vue de sa figure ; et quant à son domaine, qu'elle le donne à qui elle voudra ! Les moines n'ont pas besoin de grandes possessions, ni elle de ma bénédiction ; celle qu'elle espère de nous ses serviteurs, elle l'aura en restant chez elle. »

La réponse était rude, mais Ultrogothe dut s'en contenter. J'en suis au regret pour celles qui liront ce récit, mais je dois à la vérité de leur dire que les moines et les ermites d'autrefois n'aimaient pas les femmes et les fuyaient comme des démons.

Fidèle à sa promesse, Childebert fit officiellement remise à Karileff du domaine où il vivait. Et c'est de ce moment que date le rôle social, le rôle civilisateur du solitaire sauvage qu'était Karileff.

Pour élever le monastère, il fallait défricher une bien autre étendue de terrain que la clairière où vivaient les trois compagnons, et pour de tels travaux, les bras des trois hommes ne suffisaient pas. Mais le roi et l'abbé n'eurent pas besoin de chercher des ouvriers; le récit de la chasse au buffle de Childebert, l'annonce de la présence d'un saint dans la forêt, s'étaient répandus dans toute la région. Quand les populations avoisinantes surent que Karileff voulait élever une abbaye, ils se présentèrent en grand nombre pour exécuter les travaux; soit qu'ils fussent curieux de vivre dans le voisinage de l'ermite, soit qu'ils pensassent faire œuvre pie en peinant pour la grâce de Dieu, soit qu'ils se rendissent compte que la présence d'un couvent serait pour eux un gage de sécurité et une source de richesse.

Un jour, raconte l'historien de Karileff, tandis que l'abbé et ses disciples défonçaient péniblement la terre avec de lourdes bêches (car ils n'avaient point de charrue pour labourer), l'outil de l'ermite heurta un objet dur qui ne sonnait pas la pierre. Étonnés, les laboureurs écartèrent la terre avec précaution, et mirent au jour un trésor. En quoi consistait-il? Je n'en sais rien; c'était probablement un coffret rempli de monnaies romaines d'or et d'argent, enfoui soigneusement pendant les invasions, et dont le propriétaire avait depuis longtemps disparu.

Ce que je sais, c'est que Karileff se réjouit sincèrement de sa trouvaille, qu'il en garda une partie pour secourir les exilés, les pèlerins, et que tout le reste fut distribué aux paysans qui, sans réclamer aucun salaire, bâtissaient, défrichaient, cultivaient en chantant les louanges du Seigneur.

Et il arriva en ce lieu ce qui devait arriver sur tant d'autres points de la France : l'abbaye de Karileff fut le noyau autour duquel se groupèrent les cabanes des paysans; et plus tard, d'autres paysans, des ouvriers, des malheureux chassés par les secondes invasions barbares, se réfugièrent près des moines, comme des poussins se cachent sous les ailes de la poule quand l'épervier plane dans l'air; la forêt devint champs et maisons; le village devint ville, et garda toujours le nom de son saint fondateur, adoucissant seulement ce dur vocable de Saint-Karileff en Saint-Calais.

Et qui sait? peut-être les habitants de Saint-Calais se plaignent-ils aujourd'hui du déboisement!

SAINTE RADEGONDE (521-587)

> « J'ai rencontré la tribulation et la
> douleur, et j'ai invoqué le nom du Sei-
> gneur. »

I

Encore une reine ! Elle n'est ni Gauloise ni Franque, celle-
là, mais la Gaule et la France l'ont adoptée ; elle est des
nôtres parce que sa vie s'écoula chez nous, qu'elle fut reine
franque, religieuse gallo-romaine ; femme de Clotaire, belle-
fille de Clotilde, belle-mère de la douce Galzwinthe, de la
fière Brunehaut, de l'atroce Frédégonde, son œuvre fut
française, et elle aima cette France qui d'abord ne sut que
la meurtrir. Au delà du Rhin, en Germanie, était la
Thuringe, pays âpre et sauvage, mais doux au cœur de la
fillette du roi. Elle était bien petite, Radegonde, quand le
sang et le massacre entrèrent dans sa vie : une guerre sans
merci, le roi de Thuringe assassiné par son frère, deux
orphelins, une fille et un garçon, gardés par leur oncle et
grandissant fraternellement près du fils du meurtrier ; telle
est la première tragédie de cette jeunesse tourmentée.
Radegonde n'a encore que huit ans, et voici un second
drame. Après la guerre fratricide, l'invasion étrangère. Les
fils de Clovis ont passé le Rhin. Les Thuringiens vaincus,
leur roi mort, c'est le sac, le pillage, l'épouvante ; les
envahisseurs incendient les maisons, ravagent les moissons,
tuent les hommes ; les femmes à demi nues, les cheveux

épars, les mains liées derrière le dos, sont emmenées comme un vil bétail. Et les enfants ?

Radegonde, son frère, son cousin, sont mis à part avec le butin. Qui les aura ? Radegonde n'a que huit ans, et déjà sa beauté est remarquable ; toute pâle sous un flot de cheveux dorés, tremblante, effarouchée comme une biche prise au piège, elle lève des yeux angoissés sur ses vainqueurs, car ils sont deux, deux rois francs qui se disputent une fillette captive. Elle échoit en partage à Clotaire, le plus cruel, qui ne connaît que son caprice, sa fantaisie.

La noble enfant thuringienne part pour la Gaule avec son jeune frère, avec les bagages, avec le butin, avec tous ces hommes qui ont massacré sa famille et dévasté son pays.

« J'en ferai ma reine, » a décidé Clotaire.

Cette reine sera élevée royalement. Il l'installe dans sa villa d'Athies sur les bords de la Somme. Il lui donne des femmes pour la servir, une escorte pour lui faire honneur, des prêtres pour l'instruire ; il lui assure une vie large, somptueuse ; lui-même vient souvent dans cette villa, moitié ferme, moitié château ; il y donne des fêtes, il chasse, puis reprend le cours de ses expéditions, laissant la jeune prisonnière à sa vie calme et studieuse.

Radegonde n'aime point ces Francs aux mœurs rudes, aux goûts barbares ; elle sait qu'il lui faudra un jour être l'épouse de Clotaire, et cette pensée lui fait horreur. Elle groupe autour d'elle des jeunes filles gallo-romaines, plus fines, plus civilisées, plus instruites que les Franques ; elle lit, elle étudie, elle s'évade en esprit de la villa qui la retient prisonnière.

« Que pouvait-elle lire et apprendre ? direz-vous. On ne pensait qu'à se battre, en ce temps-là. » C'est ce qui vous trompe, Jamais les hommes, en France, n'ont cessé de penser, de lire et d'écrire ce qu'ils pensaient, ce qu'ils voyaient. L'instruction de Radegonde fut sévère ; elle apprit le latin, non seulement le latin barbare de son temps, mais le latin élégant de Virgile et de Cicéron ; elle apprit le grec ; elle apprit la philosophie, la théologie, *l'histoire,* dans les écrivains chrétiens des ive et ve siècles : saint Jérôme, saint Ambroise, saint Prosper, Sulpice Sévère ; elle apprit à faire des vers, comme Ausone, le poète bordelais. Elle apprit enfin les arts des femmes de son temps : elle filait, elle tissait, elle brodait ; peut-être aussi dessinait-elle et peignait-elle. Elle n'était pas seule pour se livrer à ces études qui sembleraient si ardues aujourd'hui ; c'est probablement dans la villa d'Athies que se noua l'amitié de Radegonde, d'Agnès et de Baudonivie.

Radegonde, âme ardente et captive, cœur brisé dès l'enfance par le double drame de Thuringe, se sentait chaque jour plus éloignée de Clotaire, plus éloignée du mariage, plus éloignée du trône ; elle aimait ardemment son frère,... tout ce qui lui restait ici-bas, puisque son cousin était maintenant à Byzance. Mais surtout elle aimait le Christ ! C'est Lui qui l'attirait, c'est à Lui qu'elle voulait se dévouer. Être religieuse, être la servante des pauvres sous un grossier vêtement de laine, passer inaperçue dans la foule, chanter les louanges du Seigneur, et surtout, oh ! surtout vivre loin de Clotaire et de la cour du roi de Soissons, était tout son rêve. Les vies des martyrs l'enthousiasmaient, et son maître lui réservait un trône !

Elle arrive ainsi à l'âge de dix-huit ans. Sa beauté émerveille tous ceux qui l'approchent ; une beauté blonde, une beauté germanique. Dans la ville d'Athies, aux portiques de bois grossièrement sculptés, aux salles ornées de peintures murales, aux portes surmontées de trophées de guerre et de chasse, une jeune fille est assise, entourée de suivantes. Elle est grande, mince, mais saine et vigoureuse ; un bandeau de filigrane cercle son front et retient sur les tempes ses lourds cheveux ardents ; les yeux bleus ont une expression douce, pensive et profondément mélancolique. Les traits, d'une absolue régularité, sont majestueux ; le teint éblouissant adoucit la gravité de l'ensemble. Radegonde sourit peu ; gracieuse et bonne, elle a su grouper de véritables amies autour d'elle, mais la tragédie de son enfance pèse encore sur elle.

Voici que commencent les préparatifs de ces noces qui l'épouvantent. Elle tente de s'y soustraire par la fuite; une nuit, une barque discrète emporte sur la Somme celle qui ne veut pas être reine. Tentative infructueuse! Les gardes militaires d'Athies battent bientôt les environs, aperçoivent la barque au milieu des roseaux et ramènent la fugitive sous bonne escorte.

Je pense que c'est à Soissons que fut célébré ce mariage si redouté, à Soissons comme celui de Clotilde, belle-mère de Radegonde; maintenant comme alors, nous voyons en la cathédrale une jeune épouse d'une beauté merveilleuse, grandie par les longues draperies de pourpre brodées, couverte de bijoux, les cheveux nattés entremêlés de perles et de pierreries; mais, au lieu de la gravité sereine d'une Clotilde, la maturité précoce de Radegonde; au lieu d'un Clovis à la jeunesse triomphante, Clotaire à quarante-trois ans, Clotaire marié combien de fois déjà? On dit que Radegonde fut sa sixième femme! Clotaire perdu de vices, cruel, sanguinaire. Ils sont unis devant Dieu. Le roi qui, depuis dix années, attend ce jour, donne, suivant l'usage, domaines et villas à sa femme, donations qu'elle conservera même si le mariage vient à être rompu. Par une attention délicate qui surprend chez l'époux barbare, au nombre de ces domaines est cette villa d'Athies, où Radegonde fut élevée, où elle pleura tant, mais où elle connut les joies austères de l'étude.

Désormais elle est reine! Il lui faut partager la vie du redoutable Clotaire, être des fêtes, des chasses, accorder des audiences, avoir une escorte militaire, porter de riches vêtements, des bijoux en or. Que sont devenus ses rêves de vie religieuse? Ils ne sont pas morts! Qui se douterait, en voyant la jeune reine à côté de son époux, qu'un cilice meurtrit sa chair sous ses atours éclatants? Qui donc, en dehors des prêtres, sait que Radegonde pétrit elle-même les cierges dont la flamme monte vers le ciel comme une tremblante prière? Qui donc se soucie de savoir que l'importante villa d'Athies est un hospice de femmes indigentes que la puissante reine visite, et soigne de ses propres mains? Radegonde était reine. Quand le roi condamnait à mort, elle-même « se mourait de douleur », et mettait toute son influence, toute son éloquence en œuvre pour obtenir la grâce du malheureux. Et Clotaire, si dur, si cassant, Clotaire dont les mains avaient déjà trempé dans tant de sang, s'adoucissait près de la jeune femme, et pardonnait. Écoutez cette histoire.

Il y avait des jardins dans tout domaine habité par le roi, fût-ce dans une ville comme Soissons ou Noyon. Radegonde aimait se promener dans les jardins avec ses compagnes; peut-être y méditait-elle sur quelque lecture qu'elle venait de faire, peut-être y priait-elle; elle ne vivait que pour l'étude et la prière. Voici tout un cortège dans ce jardin : la reine marche en avant avec quelques fidèles amies, sans doute cette Agnès qu'elle éleva près d'elle avec tant de sollicitude, et qui ne la quitta jamais; derrière elles, la troupe chatoyante de ses suivantes, jeunes filles ou femmes à qui elle n'interdit pas la gaieté, mais qu'a peu à peu gagnées la gravité précoce de leur maîtresse.

En quelle saison sommes-nous? L'historien ne le dit pas. Mais peu importe que la brise qui soulève les cheveux blonds de la reine ou fait frémir son manteau, peu nous importe qu'elle soit chargée des lourds parfums du printemps, de la senteur des roses ou des lis, des tilleuls ou des sureaux, ou que, plus âpre déjà, elle apporte en la demeure royale l'odeur pénétrante des feuilles mortes ou des bois humides. Un murmure vague monte avec ces parfums vers la reine : bruits d'insectes cachés, de feuilles qui tombent? Non, c'est une plainte lointaine et continue, comme celle d'un oiseau qui aurait perdu sa compagne. Radegonde s'arrête, écoute; un oiseau ne gémit pas ainsi, ce sont des voix humaines qui parviennent en pleurant vers la reine. Quelqu'un n'est pas loin qui souffre. Qui? Mais qui donc? Elle appelle un des officiers de sa maison, l'interroge d'une façon pressante. Lui, le dur guerrier qu'amollit le regard anxieux de la jeune reine, n'ose révéler que des captifs sont là, enchaînés dans souterrains, qu'ils ont sans doute aperçu la suite royale, et font appel à la pitié de Radegonde ; car les ordres de Clotaire sont que ces prisonniers meurent.

« Noble reine, dit-il embarrassé, chaque jour des mendiants, connaissant ta charité, viennent derrière les portes et les murs pour demander quelque aumône ; ce sont leurs voix que tu as entendues. »

Radegonde ne songe plus au livre dont elle parlait avec Agnès : avant toute science il y a la charité. Nombreux, certes, sont ceux qui l'appellent ; il lui faut trouver un moyen de soulager ces misères ; elle donne l'ordre de rentrer au palais, pour examiner à loisir ce qu'elle peut faire pour tant de malheureux.

Les voix ne pénétraient pas dans la grande salle où Radegonde, en compagnie de ses filles, lisait ou brodait ; n'y pénétrait pas non plus la brise chargée des parfums de la campagne. Une petite lampe, quelques torches, et surtout les bûches en flammes dans la cheminée dissipaient à peine l'ombre grandissante. Radegonde ne travaillait plus, elle songeait, quand la portière s'écarta, livrant passage à l'officier qui l'avait renseignée dans le jardin. Cet homme était bouleversé ; sans y être invité, il alla droit à la reine, et s'inclinant, baisa sa robe.

« Pardonne-moi, noble dame, je ne croyais pas mal faire. Mais le miracle dont je viens d'être témoin m'a ouvert les yeux.

— Un miracle ? Quel miracle ?

— Madame, ces voix qui montaient jusqu'à toi dans le jardin...

— Je ne pense qu'à ces malheureux qui m'appelaient.

— Ce n'étaient pas des mendiants, mais des captifs que le roi retient en ses souterrains.

— Des captifs ? Ah ! le seigneur Clotaire consentira...

— Reine, tandis que tu disais : « Je les secourrai ! » les chaînes tombaient d'elles-mêmes des poignets et des chevilles des prisonniers.

— Le Christ m'a entendu ! Béni soit son nom !

— Et le roi Clotaire, frappé de ce signe du Tout-Puissant, te donne ces captifs. »

Jamais, dans son humilité, Radegonde n'eût songé à s'attribuer le mérite de ce prodige; mais, de ce jour, redoubla sa vie de piété et de méditation. Chaque jour sa pensée montait plus haut vers le Ciel; chaque jour la reine mourait un peu plus à ce qui était de la terre, et surtout de ce qui était de cette cour qu'elle abhorrait, de cet époux qu'elle ne pouvait aimer.

Il lui arrivait parfois, raconte son historien, de rester si absorbée en quelque lecture pieuse qu'elle en oubliait l'heure du repas. Clotaire attendait, et son humeur violente s'irritait de ce qu'il considérait comme une bravade ou un manque de respect. Et quand Radegonde paraissait enfin dans la salle, elle était accueillie par des reproches, des paroles brutales et peut-être des grossièretés. Puis, cette colère sauvage tombait peu à peu devant la dignité, le silence de la jeune femme; alors le fils de Clotilde, honteux de son emportement, comblait Radegonde de présents pour se faire pardonner.

Radegonde pardonnait, mais son cœur brisé ne pouvait oublier que ce violent, ce roi, avait massacré sa famille et son peuple, et que son frère était tout ce qui lui restait de sa race et de sa patrie!

Hélas, ce dernier lien allait bientôt se rompre, lui aussi.

II

> « Lorsque j'ai crié vers le Seigneur, il m'a délivré de mes persécuteurs. »

Radegonde aimait passionément son frère arraché avec elle de la Thuringe, et son compagnon de captivité à Athies. Que se passa-t-il? Quelle raison, quel motif, quel prétexte déchaîna l'horrible tragédie? On ne sait. Fortunat dit

brièvement : « Clotaire fit périr le frère de Radegonde. »
C'est tout.

Mais ce meurtre mit le comble à la mesure des iniquités
de Clotaire. La jeune femme, captive à huit ans, mariée de
force à dix-huit avec l'assassin de sa famille, abreuvée
d'amertume et de tristesse, entourée d'hommes cruels et
corrompus, ne put supporter ce dernier coup.

On ne sait comment elle obtint de Clotaire de quitter la
résidence royale de Soissons, et de se retirer un temps à
Noyon, avec « ses filles », comme elle appelait ses suivantes, et de chercher près du saint évêque Médard un
refuge contre son horrible douleur.

Elle part à travers ce pays couvert de forêts inextricables
où se multiplient les gracieuses bêtes sauvages et les fauves
redoutables; les voilà à cheval, la reine des Francs et ses
suivantes. Une escorte de guerriers en arme précède,
accompagne, suit la jeune femme pour la protéger des
hommes et des bêtes, pour lui faire honneur aussi, car
l'épouse de Clotaire doit voyager comme une souveraine et
non comme une captive de guerre.

Le cortège royal arrive à Noyon, en ce temps évêché
important, aujourd'hui petite ville bien déchue, mais relevée
par son martyre de 1918.

Radegonde ne veut prendre aucun repos avant d'avoir vu
Médard dont le renom de sainteté est grand en Gaule. Mais
l'évêque est à l'église où il officie; et voici la reine, les
jeunes Gallo-Romaines et les guerriers francs qui entrent
dans la cathédrale que leur troupe emplit presque. Médard
est à l'autel. Radegonde se recueille un instant. Oh! comme
son cœur doit battre en ce moment décisif! C'est toute sa
vie qui se joue au pied de cet autel. Elle va enfin recouvrer
la liberté ou, captive à jamais, réclamer la mort à grands
cris.

Elle se redresse, grandie par l'émotion. Tous se lèvent
en même temps qu'elle. Sans hésiter, la reine court vers
l'autel, se jette aux pieds de l'évêque. « Seigneur, lui crie-
t-elle avec force, je t'en supplie et t'en conjure, moi la reine,

consacre-moi au Christ! Donne-moi le voile de ses servantes ! »

Quel rumeur, quel émoi dans la cathédrale! Médard à l'autel, revêtu de ses ornements sacerdotaux, profondément ému de la requête de Radegonde, surpris, troublé, n'ose déférer à son désir et la conjure d'attendre, de réfléchir, de consulter; les compagnes de la reine, éperdues, tremblent d'effroi; les guerriers, transportés de colère, s'élancent dans le chœur, font descendre l'évêque de l'autel, l'entourent en criant tous à la fois : « Évêque! notre foi est surprise par la conduite de la reine. Le roi Clotaire lui a permis de venir à Noyon près de toi, mais sache-le, il l'a épousée devant Dieu et les hommes, il l'a faite reine, et en a des fils! Elle est à son époux. Si tu lui donnes le voile des recluses, fais attention, évêque, à la colère du roi. Tu ne sortiras pas libre de ce sanctuaire! »

Radegonde et ses femmes, profitant du désordre, se sont réfugiées toute tremblantes dans la sacristie, et attendent que leur sort soit décidé. Le tumulte grandit; les hommes serrent l'évêque de plus en plus près; déjà les armes sortent des fourreaux. Tout à coup, la porte de la sacristie s'ouvre lentement, et Radegonde paraît. Mais ce n'est plus la reine couverte de vêtements brodés ou garnis de fourrures, de bijoux luxueux. Elle s'avance vêtue d'une grossière robe de nonne, dépouillée de toute parure. Les guerriers, frappés de stupeur, s'écartent en silence pour la laisser passer. De nouveau, Radegonde s'agenouille devant Médard, et solenellement :

« Si tu tardes à me consacrer, dit-elle, et que tu craignes les hommes plus que Dieu, tu auras à en rendre compte, et le pasteur te redemandera l'âme de sa brebis. »

A ces mots, l'évêque voit, comme à la lueur d'un éclair, le devoir que Dieu lui indique nettement. Il impose les mains à la reine et la consacre au Seigneur. Devant la majesté d'un tel spectacle, devant l'expression ardente de la sainte femme à cette minute inoubliable, les guerriers francs eux-mêmes s'apaisent; ces natures violentes sentent passer sur elles comme un souffle divin ; les armes rentrent aux fourreaux.

Radegonde se relève ; d'un geste vraiment royal, elle dépose sur l'autel ses franges d'or, ses pierreries, ses colliers, ses agrafes, ses bracelets, ses bagues... elle donne tout à Dieu. Elle n'est plus reine.

Les seigneurs francs, la laissant avec ses suivantes, retournèrent auprès de Clotaire. La colère du roi fut terrible ; il accourut à Noyon pour reprendre sa femme, mais se heurta à l'énergie de saint Médard qui assurait la protection des fugitives et arracha au roi son consentement à voir Radegonde mener la vie religieuse.

Enfin, la captive était libre ! Elle avait alors vingt-quatre ans. Elle se hâta de s'éloigner du royaume de son époux, et, suivie de ses jeunes compagnes, se rendit tout d'abord au tombeau de saint Martin.

Le tombeau de saint Martin, à Tours, fut, je vous l'ai déjà dit, un des lieux de pèlerinage les plus fréquentés du moyen âge. Le grand évêque qui avait commencé la conversion des campagnes, dont les miracles étaient si populaires, fut un bienfaiteur des malheureux après sa mort comme pendant sa vie ; rois, prêtres, leudes, Gallo-Romains et Francs, puissants et misérables, affluaient à Tours.

Comme tant d'autres, Radegonde venait demander au saint, avec la paix de l'âme, sa protection contre une poursuite possible de Clotaire, l'inspiration décisive pour orienter désormais sa vie vers un but uniquement religieux. A Tours, Radegonde retrouva une autre souveraine, comme elle lasse de la vie, ayant tout perdu, et ne vivant plus que pour Dieu : Clotilde, reine des Francs, veuve de Clovis, et mère de ce redoutable Clotaire qui semait les larmes et la terreur sur son passage. Peut-être la jeune Radegonde confia-t-elle à sa belle-mère le projet de vie monastique qui se développait dans son âme. Les historiens des deux reines sont muets sur ces entrevues. Mais dans cette rencontre de Clotilde et de Radegonde, je vois comme un anneau de la chaîne qui unit entre elles les grandes figures de l'époque mérovingienne : Clotilde et Rémi à Radegonde et Médard, ceux-ci à Colom-

« Je t'en supplie et t'en conjure, moi la reine, consacre-moi au Christ ! »

ban, l'ennemi de Brunehaut et le maître monastique de saint Éloi, lequel se relie par sainte Bathilde au grand évêque saint Léger. Ils se tiennent tous, se complètent et se continuent pour faire une France qui, délivrée des guerres intestines, tiendra tête aux Arabes et donnera aux papes la puissance temporelle !

Radegonde ne cherchait pas si loin, mais elle regardait plus haut : elle voyait Dieu, mais tâtonnait un peu pour trouver le chemin qui mène à lui. A Tours, elle étudia la règle du monastère de Marmoutier, mais sans y aller, aucune femme n'ayant le droit d'y pénétrer. Puis elle se rendit à Saix, en Poitou, dans une villa dont Clotaire lui avait fait don le jour de leurs noces. Là, elle s'appliqua, avec ses compagnes qui ne l'avaient point quittée, à l'exercice des plus austères pratiques religieuses ; elle réunit dans ce domaine des pauvres, des infirmes, des malades atteints des maux les plus répugnants, surtout des lépreuses ; et non contente de les laver, de les baigner elle-même, elle baisait leurs horribles plaies, sans craindre la contagion de ce mal qui a fait frissonner tout le moyen âge.

« Madame, lui dit un jour une de ses suivantes, dégoûtée par ce spectacle, qui donc désormais voudra vous embrasser, si vous embrassez ainsi les lépreux ?

— Eh bien, répondit Radegonde en souriant, si tu ne veux plus m'embrasser, tu m'en vois déjà consolée ! »

Et pourtant, elle tenait à l'affection de celles à qui elle disait plus tard : « Je n'aime plus que vous, jeunes filles que j'ai choisies, jeunes fleurs que j'ai plantées, vous ma vie, vous mon repos et tout mon bonheur. » Et dans ces temps de passions violentes, l'affection était démonstrative comme la haine. Nos manières étudiées, notre retenue avec nos plus chers amis, nos visages aux muscles impassibles, ne peuvent donner une idée des expansions de cette époque ardente.

Tandis que Radegonde s'occupait des pauvres et des lépreuses, Clotaire, revenant sur la permission qu'il lui avait donnée de vivre comme elle l'entendrait, accourait avec une troupe armée pour reprendre de force son épouse et la ramener à Soissons. Alors, c'est la fuite éperdue des pauvres femmes ; elles abandonnent Saix et cherchent un refuge contre les convoitises de Clotaire. Nulle ville, nul domaine, n'oserait les soustraire à la poursuite du roi, mais les tombeaux des saints ont droit d'asile. Elles arrivent à Poitiers, et embrassant le tombeau de saint Hilaire, attendent en tremblant.

Saint Hilaire de Poitiers, cet évêque, ce savant, cet orateur, cet intrépide confesseur de la foi au IVe siècle, avait laissé un nom si respecté que Clotaire qui, au milieu de ses débordements, craignait Dieu et ses saints, n'osa violer l'asile des recluses.

Il autorisa même la reine à construire à Poitiers un monastère et à s'y enfermer avec qui voudrait la suivre. Le rêve de Radegonde se réalisait !

<h1 style="text-align:center">III</h1>

> « Vous puiserez avec joie aux fontaines du Sauveur. »

Mais ce n'est pas tout d'élever un couvent dont la clôture abritera jusqu'à deux cents religieuses. A ces recluses, il faut une règle, et la règle bénédictine, appelée à devenir générale dans tout l'Occident, commençait à peine à pénétrer en Gaule ; Radegonde étudiait de près les règles préconisées par saint Jérôme, saint Hilaire ou saint Ambroise, lorsqu'un nouveau danger vint la menacer.

A peine avait-elle pénétré dans le couvent nouvellement édifié, alors que la foule se pressait autour d'elle dans les rues de Poitiers, elle apprit que le redoutable Clotaire était à Tours, en pèlerinage, et ne cachait pas son intention de venir jusqu'à Poitiers reprendre sa « chère reine. »

Qui appeler au secours ? Médard était mort... Dans sa

Tandis que Radegonde s'occupait des pauvres.

détresse, elle envoie un messager à saint Germain, évêque de Paris, le fondateur de Saint-Germain-des-Prés. Elle le supplie d'intercéder près du roi pour qu'il respecte le vœu de la religieuse. Alors, tandis que, derrière la clôture de Poitiers, deux cent cinquante femmes prient ardemment, l'évêque de Paris court à franc étrier jusqu'à Tours rejoindre Clotaire. Et là, devant le tombeau vénéré de saint Martin, le prélat se jette aux pieds du roi ; à la fois humble comme un sujet, et fier comme un représentant du Christ sur la terre, il le supplie de tenir la parole jurée à Radegonde, de ne pas violer le cloître de Poitiers, de s'incliner devant la volonté de Dieu qui réclame la jeune femme pour son service.

Clotaire, irrité, comprend bien que Germain est envoyé par la reine ; mais peu à peu il se calme. Cet excessif rentre en lui-même et, se jetant à son tour aux genoux de l'évêque, il jure de ne rien entreprendre contre sa femme et le conjure d'implorer pour lui le pardon de Radegonde. Cette fois, le terrible roi de Soissons tiendra sa parole. A l'ombre de son cloître la sainte religieuse pourra méditer sur la discipline à donner à Poitiers, et, son choix fixé, aller étudier sur place la règle de saint Césaire, qui convient le mieux à ses aspirations.

Saint Césaire, d'abord moine en cette île fortunée de Lérins, puis évêque métropolitain d'Arles, célèbre orateur, mort vers 530, avait rédigé une règle de vie pour une communauté de femmes dirigée par sa sœur, sainte Césarie. Cette règle, Radegonde la connaissait, mais elle voulut la voir appliquée. Elle partit donc pour Arles avec son amie Agnès, qui partagea toute son existence, et qu'elle avait fait élire abbesse de Notre-Dame, ne voulant pas elle-même s'élever au-dessus des autres religieuses.

Les voici donc en Arles, au monastère de Saint-Jean. Maintes fois, dans ces récits, je vous ai parlé de cette prestigieuse ville d'Arles, Arles la Blanche, Arles balayée par le mistral, Arles qui s'étend au bord du Rhône, Arles évangélisée deux fois, et pourtant ville de plaisir, Arles résidence impériale, aux palais, aux théâtres, aux arènes, aux mille statues profanes, Arles païenne de souvenirs et d'esprit, et pourtant appelant à elle les plus fameux moines de Lérins : Honorat, Hilaire, Césaire; Arles aux cinq basiliques, Arles aux grands couvents.

L'abbesse qui reçut Radegonde se nommait Liliole, nom étrange et doux comme une caresse enfantine; Liliole... On croit voir un jeune lis, tout blanc mais un peu frêle, une jeune religieuse au regard limpide, un peu étonné.

Et pourtant, il fallait un caractère ferme et bien trempé pour gouverner ces grands monastères, une énergie virile, une intelligence et un savoir d'une étendue peu commune, nul pédantisme, mais la science de la vie.

Si, comme je le pense, Liliole se conformait au modèle que saint Césaire avait tracé de l'abbesse, l'accueil qu'en reçurent Radegonde et Agnès dut être charmant. Écoutez ce que disait l'évêque; ce portrait exquis dans ce milieu paisible nous reposera de toutes les agitations du siècle :

« Ne te fais pas taxer d'orgueil et de sottise par ton mutisme, mais parle autant que le comportent le sujet et la circonstance, en sorte que chacun se souvienne de l'agrément de ta douceur, de la discrétion de tes paroles. Te fait-on une demande qu'il convienne d'accorder, accorde-la d'un visage souriant. Mais s'il ne te convient pas d'accorder, adoucis ton refus par la convenance de tes paroles. Je veux enfin que, sauf les vices qu'il te faut redresser et non pas ménager, tu te montres gracieuse, dévouée, affectueuse, et animée des meilleurs sentiments envers tous. »

Ce ne sont pas seulement les abbesses qui devraient méditer cet avis, mais encore les mères de famille, les maîtresses de maison, et d'une manière générale, toutes celles qui ont *autorité* et *responsabilité*.

Quelle délicieuse halte dans la vie mouvementée de Radegonde, que ce séjour laborieux au monastère Saint-Jean, entre Liliole et Agnès !

IV

Elle revint à Poitiers. Au monastère Notre-Dame comme à Saint-Jean, la clôture était absolue; nulle ne sortait, pas même Radegonde. Les religieuses, vêtues de blancs vêtements filés et tissés par elles, lisaient, méditaient, copiaient des manuscrits, ce qui était considéré comme une forme de prière. Il y a deux légendes absolument fausses concernant les mœurs de nos lointains ancêtres, et qu'on ne saurait trop travailler à détruire. Vous entendrez partout répéter : « Au moyen âge, seuls, quelques clercs, quelques moines savaient lire et écrire; l'ignorance était la règle habituelle. » Vous avez déjà vu quelle instruction soignée reçut Radegonde, destinée au trône et non au cloître, par ordre d'un roi barbare; dans les couvents d'hommes et de femmes, on lisait, on écrivait, on composait; nous verrons des leudes, des rois mérovingiens et des reines se piquer de littérature, et bientôt les écoles foisonner autour des cloîtres, des cathédrales, et produire de véritables universités au milieu de la deuxième époque des invasions barbares.

L'autre erreur commune est celle-ci : « Au moyen âge, on était sale, et l'on ignorait les soins de propreté les plus élémentaires. »

N'en déplaise aux détracteurs du moyen âge, on aimait l'eau dans ce temps-là comme maintenant; les Gallo-Romains riches avaient gardé dans leurs maisons les habitudes d'extrême propreté des Romains. Nous verrons plus tard des salles de bain dans les châteaux forts, des établissements de bain publics; Charlemagne avait fait construire une immense piscine à Aix-la-Chapelle; et pour en revenir à sainte Radegonde, je puis vous dire que l'eau abondait au couvent, et qu'on y prenait des bains. On balayait et nettoyait énergiquement; chaque religieuse était de semaine pour tels ou tels travaux d'intérieur, et Radegonde, comme les autres, laissait les auteurs grecs ou latins pour laver ou frotter. Cette semaine-là, le chant sacré à l'église était le seul repos de la sainte.

N'allez pas croire que les moniales de Poitiers travaillaient sans relâche, matériellement ou intellectuellement, du matin au soir (et se relevant probablement pour chanter l'office au milieu de la nuit). Elles avaient, comme maintenant encore les religieuses cloîtrées, leurs moments de loisir, de délassement, leurs récréations. Et que faisaient-elles? Elles jouaient, elles jouaient au dé, elles recevaient des amies du dehors, et même se livraient à des divertissements dramatiques. « Quoi! direz-vous, des religieuses jouant la comédie? » D'abord je ne dis pas *comédie;* le sujet de ces représentations pouvait être quelques scènes de l'ancien ou du nouveau Testament, ou la vie d'un saint. Puis, vers le ixe ou le xe siècle, savez-vous qu'une religieuse d'Allemagne écrivit des comédies, de vraies comédies, qu'on jouait au couvent, et qui avaient pour but de ridiculiser le vice et d'exalter la vertu? Enfin, mille ans plus tard, la grande carmélite sainte Thérèse faisait exécuter des pas cadencés à ses religieuses, au son du tambourin, parce qu'elles avaient besoin de se distraire. Dans toutes les situations, il faut se détendre parfois; les carmélites espagnoles de Thérèse dansaient, les moniales franques et gallo-romaines de Radegonde se donnaient des représentations.

Mais elle, Radegonde? La reine au cœur brisé ne prenait part à nulle récréation; ses austérités étaient effrayantes : elle portait sur la chair une chaîne de fer que lui avait donnée Junien, seigneur poitevin retiré dans un ermitage; et l'on raconte qu'elle fit rougir au feu une croix de métal qu'elle imprima sur sa poitrine, afin d'avoir toujours sur elle le signe du Rédempteur!

La croix, le signe du Rédempteur, elle devait bientôt en posséder une parcelle.

Radegonde, désirant pour son monastère une relique protectrice, avait envoyé des messagers en Orient avec mission d'en rapporter une des lieux saints. L'empereur de Constantinople, Justin, lui envoya un morceau de la vraie croix, déposée à Byzance depuis que sainte Hélène l'avait miraculeusement retrouvée. Les messagers, chargés du précieux fardeau, s'embarquèrent à Constantinople pour le rapporter en Gaule. Mais ils furent assaillis en mer par une de ces tempêtes furieuses qui soulèvent subitement la Méditerranée, une de ces tempêtes dont saint Paul nous a laissé la description terrifiante. Pauvre bateau de cette époque lointaine, pauvre coque de noix ballottée au gré des vagues, que des montagnes d'eau risquent à chaque instant d'engloutir, mais qui porte la croix rédemptrice ! Des hommes épouvantés, clercs ou matelots, se jettent à genoux. « O Radegonde, très sainte dame, pour ton service nous sommes allés sur mer chercher cette relique, et nous voilà sans secours au milieu de la tempête ! Radegonde, noble reine, prie dans ton cloître pour tes serviteurs en péril ! »

Comme un molosse furieux se calme soudain à la vue de son maître, et vient en gémissant quêter une caresse, les flots s'apaisent subitement à l'invocation des voyageurs, et, avec un murmure plaintif, conduisent doucement le bateau jusqu'au port.

Ce fut grande fête à Poitiers quand la relique insigne, portée processionnellement à travers la ville, entra dans le monastère qui prit le nom de Sainte-Croix. Le peuple à l'extérieur, les religieuses dans le cloître, chantaient alternativement *Pange lingua gloriosi*, et *Vexilla regis*, hymnes admirables que l'Église redit chaque année, et qui retentirent en ce jour pour la première fois !

V

Dans la grande détresse de sa vie, Radegonde eut le rare bonheur de rencontrer des amis, et c'est en grande partie à l'un d'eux que nous devons de si bien connaître la sainte religieuse.

Saint Venance Fortunat était un Italien d'esprit fin et délicat, un lettré, un poète. Élevé à Ravenne, cette ville adriatique où se mêlaient les civilisations, les arts latins et byzantins, sous la domination ostrogothe, il vint plus tard en pèlerinage à Tours, prier sur le tombeau de saint Martin; puis à Poitiers, sur celui de saint Hilaire. Il était poète et savant, et peut-être la réputation du grand savoir de Radegonde avait-elle franchi les portes du cloître; ce qui est certain, c'est qu'une solide amitié s'établit rapidement entre Fortunat, Radegonde et Agnès, amitié si étroite que le poète se fixa pour jamais à Poitiers dont il devint plus tard évêque.

Et c'est ainsi que, dans le jardin d'un cloître de Gaule, le génie d'un Italien saturé de civilisation antique, de littérature profane, et celui d'une Thuringienne sortie à demi barbare des forêts de Germanie, se mêlèrent, se fondirent pour produire une amitié exquise qui pourtant ne faisait en rien fléchir la rigidité de Radegonde à l'égard de la règle. Au début du carême, toute relation cessait entre eux jusqu'à Pâques, car la sainte redoublait alors d'austérité, et sa claustration se faisait plus étroite. Passé ce temps, les échanges recommençaient. Agnès et Radegonde envoyaient à leur ami des fleurs ou des fruits; il les en remerciait par quelque délicate pièce de vers. Mais le poète italien savait s'élever plus haut, c'est lui qui composa pour le couvent de Sainte-Croix les deux hymnes dont je vous ai parlé tout à l'heure; politique, il sut, par ses écrits, se ménager la faveur de Chilpéric, le terrible fils de Clotaire; mais il sut aussi, près de Radegonde, pleurer le sort tragique de Galzwinthe.

Vous connaissez cette douloureuse histoire, vous avez tous lu en vos histoires de France le récit touchant des adieux de Galzwinthe à sa mère, la reine des Wisigoths; ces adieux, c'est à Fortunat que nous devons de les connaître, c'est lui qui nous les a conservés. Galzwinthe, future belle-fille de Radegonde, traversa Poitiers, sur un char d'argent, dit-on, en allant épouser le farouche roi de Neustrie; certainement elle alla saluer la mère de son fiancé, la célèbre et puissante religieuse; et je m'imagine que devant cette jeune fille douce, timide, épuisée déjà de chagrin et de terreur, Radegonde dut faire un retour sur son propre passé; mais hélas! la jeune Wisigothe n'avait pas l'énergie, l'ampleur d'esprit de la captive thuringienne; Galzwinthe, colombe effarouchée, devait bientôt être sacrifiée, et sa mort tragique, armant sa sœur Brunehaut contre Frédégonde, allait pour cinquante ans mettre la Gaule à feu et à sang.

Radegonde, cloîtrée à Poitiers, suivit avec angoisse les péripéties de l'horrible lutte; elle s'était attachée à cette Gaule où s'était écoulée toute sa vie, où elle avait régné, qui l'aimait et l'honorait. Puis c'étaient ses deux fils qui se faisaient une guerre sans merci... Hélas! que pouvait la sainte religieuse au milieu de ces barbares? Elle intervint fréquemment pour tâcher d'amener une réconciliation entre les deux partis; elle écrivit aux rois, ses fils et ses petits-fils, aux reines rivales, aux principaux leudes : tout resta vain; la lutte reprenait sans cesse et Radegonde ne devait pas en voir la fin.

Sont-ce les récits de cette lutte sauvage qui, remémorant à la religieuse les événements qui avaient brisé son âme d'enfant, lui inspirèrent ces poèmes douloureux où elle chante ses souvenirs de Thuringe?

« Lorsque le vent murmure, j'écoute s'il m'apporte quelque nouvelle; mais, de tous mes proches, pas même une ombre ne se présente à moi... »

La recluse n'avait plus de parents sur qui se reposer... Elle avait dû fuir son époux meurtrier, ses fils s'entre-tuaient; seules, les affections du cloître pouvaient consoler cette pauvre âme, meurtrie dès avant la jeunesse : le poète Fortunat, l'abbesse Agnès, Baudonivie, celle qui écrivit une vie détaillée de la sainte, enfin, cette troupe nombreuse de jeunes filles qu'elle avait réunies à Sainte-Croix, qu'elle ne voulait pas gouverner, mais dont elle se sentait malgré tout la mère spirituelle. Elles étaient toute sa vie.

Fortunat raconte qu'un soir, des musiciens passèrent près du mur du couvent en chantant et jouant de leurs instru-ments, troublant ainsi les prières de deux sœurs, qui étaient

7

avec Radegonde. L'oraison terminée tant bien que mal au milieu du bruit des chants et des danses, une des jeunes religieuses se tourna gaiement vers Radegonde :

« Madame, je reconnais dans les airs de ces danseurs un de ceux que je chantais moi-même autrefois.

— En vérité, répondit la reine, j'admire que, appartenant au Seigneur, tu te plaises à écouter ces bruits du monde.

— Mais vraiment, madame, c'est que je retrouve là deux ou trois de mes propres chansons.

— Eh bien, moi, reprit vertement Radegonde, je prends Dieu à témoin que je n'ai pas entendu une seule note de cette musique profane ! »

Quand une âme est détachée de la terre au point de ne même plus entendre les bruits qui résonnent à ses oreilles, elle est bien près de la perfection et peut aspirer au repos.

Radegonde, si malheureuse dans ses affections de famille, connut du moins dans leur plénitude et jusqu'à la fin les joies de l'amitié ; ses intimes lui survécurent. Je veux, avant de terminer, vous dire quelques mots de ses rapports avec saint Junien, que je vous ai nommé tout à l'heure.

Junien était un riche seigneur poitevin ; las de toutes les horreurs qui désolaient la Gaule, il se tourna vers Dieu et devint abbé de la communauté de Mairé. Vit-il jamais Radegonde ? Rien n'est moins sûr, mais ils s'écrivaient et s'étaient promis de prier l'un pour l'autre jusqu'à leur dernier jour.

Nous sommes au 13 août 587. L'ardente chaleur monte du sol vers l'azur profond du ciel ; le calme solennel de l'été enveloppe comme d'un manteau la campagne poitevine. Un messager en deuil quitte l'abbaye de Mairé et se dirige à toute allure vers la ville de Poitiers. Il a déjà parcouru la moitié de la route lorsqu'il voit venir à lui un messager en deuil venant de Poitiers et qui s'arrête à sa vue.

« Mon frère, où te diriges-tu ? Quelle triste nouvelle vas-tu semer ?

— Mon frère, répond le moine de Mairé, je suis chargé par ma communauté d'annoncer à la noble Radegonde la mort du saint abbé Junien.

— Et moi, mon frère, reprend le voyageur d'une voix tremblante, j'allais au monastère de Mairé dire au saint abbé Junien que madame Radegonde est entrée aujourd'hui dans la paix du Seigneur.

— Ensemble ces deux fidèles serviteurs vont se présenter devant Dieu ; qu'Il ait pitié d'eux et les accueille en son Paradis.

— Pendant que Radegonde agonisait, murmura le Poitevin, le ciel s'ouvrit et les saintes religieuses virent un ange porter devant le trône divin les prières du couvent et intercéder pour que la mourante fût conservée à ses compagnes. Mais un ange au visage radieux chantait la joie des élus recevant la reine parmi eux ; il célébrait d'avance les secours que, du céleste séjour, Radegonde prodiguerait à ses filles... et l'âme de la sainte quitta doucement cette terre où elle avait tant pleuré. »

L'ardente chaleur d'août montait du sol vers l'azur profond ; le grand calme solennel de la campagne en été enveloppait les deux messagers.

A Sainte-Croix, deux cents religieuses priaient et pleuraient autour du cercueil où dormait Radegonde, dont le visage serein gardait toute son ancienne beauté. Puis l'évêque Grégoire de Tours vint chercher la morte pour la conduire au cimetière.

« Alors, nous raconte le grand historien, tandis que le triste cortège s'éloignait, les religieuses, pressées derrière les grilles du couvent, sur les tours, sur les créneaux qui défendent le monastère, rendaient par leurs sanglots un dernier hommage à leur mère chérie. »

SIXIÈME RÉCIT

SAINT COLOMBAN (543-615)

« Gardez-vous bien de le mépriser,
parce qu'il ne vous épargnera point
lorsque vous pécherez, et qu'il parle en
mon nom. »

I

Celui qui devait être le père monastique de la Gaule, qui voulut refréner les mœurs dépravées des rois mérovingiens, ce moine dont la vie appartient à quatre pays différents, ne naquit point chez nous. Il était de cette Ile des Saints, l'Irlande violente et pieuse, ardente, traditionaliste et apostolique ; Colomban en est comme le symbole.

Saint Patrice partit de Gaule pour évangéliser les Irlandais ; cent cinquante ans plus tard, l'Irlande catholique nous envoyait Colomban pour purifier la Gaule, corrompue par les luttes intestines des Mérovingiens, et continuer l'œuvre de saint Martin : la conversion des campagnes.

Colomban reçut une éducation soignée, une instruction classique complète ; jusqu'à la fin de sa longue vie, il relira les poètes grecs et latins. D'une grande beauté, exposé à toutes les tentations, craignant à la fin d'y succomber et de sombrer dans le péché, le jeune Irlandais demanda conseil à une sainte femme qui vivait en recluse depuis quinze ans. « Fuis, lui dit-elle, fuis ta maison, fuis ton pays s'il le faut, mets Dieu même entre le mal et toi. »

Colomban comprit, mais sa mère ne comprit pas. Elle fit

tout pour le retenir, jusqu'à se coucher en travers de la porte qu'il devait passer, comme, mille ans plus tard, le jeune de Chantal se coucha sur le seuil pour empêcher sa mère d'aller se vouer à Dieu ! Et de même que sainte Chantal franchit le corps de son fils pour suivre sa vocation, de même saint Colomban franchit le corps de sa mère, et courut vers Dieu qui l'appellait.

Il se réfugie dans l'abbaye de Bangor, véritable cité sainte comprenant des familles, des villages, sous le gouvernement d'un abbé. Là il s'instruit dans les sciences sacrées, développe ce don de l'éloquence et de la poésie naturel à sa race. Mais la paix n'est pas en lui. Dieu ne l'a appelé à Bangor que pour le former. Maintenant il est prêt; apôtre et Irlandais, c'est-à-dire intrépide et aventureux, il entend une voix secrète lui répéter : « Sors de ta patrie, de ta famille, et de la maison de ton père, et va dans la terre que je te montrerai. »

Comme les saints qui avaient converti notre Bretagne, comme ceux qui avaient évangélisé les Hébrides, les Orcades, peut-être l'Islande, il se sent invinciblement appelé à l'apostolat. Il part avec douze compagnons, affronte les tempêtes de la mer d'Irlande et de la Manche, aborde en Gaule. Là sera son champ d'action ! Il avait alors trente ans. Ardent, à la fois humble et dominateur, il voulait voir tout plier sous lui, parce qu'il portait en tous lieux la parole de Dieu.

Qu'était donc la Gaule en ce moment, pour que le Seigneur lui envoyât un missionnaire venu de l'étranger? Cette Gaule catholique où s'épanouissaient alors une sainte Radegonde, un saint Sanson et un saint Seine, était déchirée par la lutte sans merci que se livraient Frédégonde et Brunehaut au nom de leurs époux, puis de leurs fils et petits-fils; les rois mérovingiens ne connaissaient aucun frein à la violence de leurs passions et de leurs vices. Les évêques, tremblants, étaient trop souvent obligés de prendre parti pour l'un ou l'autre camp; les couvents, refuges de la religion, étaient sans liaison entre eux, et séparés matériellement par les déserts et les forêts inextricables que favorisaient les guerres

civiles. L'Église de Gaule était comme une superbe cathé
drale dévastée par un terrible incendie, toujours debout,
mais noircie, délabrée, mutilée. Ce fut l'œuvre de Colomban
de *réparer* l'Église de France.

II

Pendant plusieurs années, dit son biographe, il parcourut
le pays, prêchant l'Évangile et donnant à tous l'exemple de
la charité et de l'humilité. Le cours de ses pérégrinations
l'amena en Bourgogne.

La France comprenait alors trois royaumes : Neustrie,
Austrasie, Bourgogne. Ce dernier s'étendait jusqu'à la Provence au sud, la Lorraine au nord, la Suisse centrale à l'est.
Son roi, Gontran, petit-fils de Clovis, semble avoir été le
prince le moins barbare et le plus religieux de cette époque.
Le bruit de la prédication de Colomban et de ses douze compagnons, les miracles dont elle s'accompagnait, étaient venus
jusqu'à lui. Aussi fit-il grand accueil aux Irlandais ; frappé
de leur éloquence, émerveillé de l'austérité de leurs mœurs,
il comprit quel bien pouvaient faire ces hommes en son
royaume, et voulut les retenir près de lui. Mais ce fut en
vain que Gontran offrit à Colomban des trésors ou des terres.
« Je n'ai pas quitté l'Irlande pour amasser des richesses en
Gaule, dit le moine austère, mais pour porter ma croix
comme le Christ et enseigner ses voies. Une solitude sauvage pour prier et travailler avec ceux qui voudront me
suivre, voilà ce que je cherche. — Mon royaume, hélas ! abonde
en déserts sauvages tels que tu désires en trouver un. Ne
pars pas ; la présence de tes moines et la tienne, ô Colomban,
sanctifiera mon pays. Ne nous quitte pas, ne cherche pas à
en convertir d'autres avant d'avoir mis Francs et Burgondes
dans le chemin du salut. »

Colomban resta. Il se fixa avec ses compagnons sur l'emplacement d'un castrum romain, à Annegray. Sa solitude

était profonde ; il semble même ne pas avoir défriché un coin de forêt pour cultiver quelques légumes. Si quelque paysan, surpris, effrayé peut-être du voisinage de ces hommes mystérieux, leur apportait des provisions, ils acceptaient volontiers ; si non, ils vivaient de fruits sauvages, d'herbe, ou même d'écorces d'arbres. Mais parfois, la rudesse de la vie qu'il menait avec douze compagnons semblait trop douce à Colomban : il lui fallait plus de solitude encore. Alors il s'enfonçait au plus profond de la forêt, n'ayant peur de rien, car il se sentait avec Dieu. Cet homme sauvage et autoritaire était un charmeur de bêtes ; les oiseaux accouraient à sa voix ; les écureuils se glissaient jusque dans les plis de son vêtement. Les fauves eux-mêmes subissaient son ascendant ; on raconte qu'il chassa un ours d'une caverne dont il voulait faire sa cellule. Un jour, il errait solitaire dans la forêt, méditant sur la férocité instinctive et irraisonnée des animaux, et la perversité voulue des hommes qui pourtant connaissent Dieu, lorsqu'il se vit soudain entouré par une bande de loups. Des loups, le fauve redouté de nos pays, sans pitié, sans générosité, toujours affamé, toujours avide de sang ! Fuir ? Colomban n'y pense même pas. Il s'arrête et commence le psaume de la messe : *Deus in adjutorium...* Les loups s'approchent, flairent les vêtements, quelques-uns saisissent la robe... Colomban ne bouge pas. Alors, les animaux, subjugués par la sainteté de cet homme, s'écartent silencieusement sans lui faire aucun mal. Il avait vaincu la férocité des animaux qui ne pèchent pas. A peine avait-il échappé à ce danger qu'un autre venait l'assaillir. Cette fois c'est des hommes que vient le péril. Des bruits de voix se font entendre dans un fourré. Les forêts, à cette époque de retour à la barbarie, étaient des repaires de brigands, et plus encore celles de ces régions voisines du Rhin, sans cesse envahies par des Suèves et des Germains. Ceux-là seront rebelles à l'influence du saint. S'il est vu, il est perdu ! Colomban, inaccessible à la peur, prie simplement Dieu de veiller sur lui ; les brigands s'éloignent sans avoir soupçonné la présence du moine. Il était sauvé !

La nature et les barbares païens : tels étaient les adversaires habituels des missionnaires. La nature, ils la vainquirent; comme alliés contre les païens, ils eurent l'immense armée des disciples qui venaient spontanément à eux. Au bout de quelques années, la solitude d'Annegray ne suffisait plus à contenir les moines groupés sous l'autorité de Colomban.

C'est alors que Gontran, toujours favorable au saint irlandais, lui fit don, pour construire une abbaye, de Luxeuil, à l'extrémité nord du royaume de Bourgogne, à l'époque romaine station thermale élégante et fréquentée. Qu'étaient devenus ses portiques, ses temples, ses villas, ses bains? Attila avait tout détruit, puis la végétation avait tout envahi. Dans l'épaisse forêt, Colomban et ses moines retrouvèrent encore d'antiques idoles gauloises, des ruines romaines; ils méprisèrent les unes comme les autres. Les pieux moines ne pouvaient ressentir que de l'horreur pour ces « images du démon », qu'ils s'empressèrent de détruire. Les austères cénobites ne pouvaient avoir que du dédain pour ces restes d'une civilisation païenne et dissolue; les Irlandais étaient fiers que leur île fût le seul pays d'Occident resté vierge de toute invasion romaine. Colomban édifia sur les ruines du paganisme une puissante forteresse chrétienne. Tout était à faire dans ce lieu sauvage, tout fut fait, bien fait et rapidement fait. Colomban et ses moines se mirent personnellement à défricher avec ardeur, et les arbres sacrés des païens fournirent la charpente et les portiques du monastère chrétien. Autour de ces moines affluèrent bientôt de nouveaux disciples de toutes conditions : c'étaient des serfs que le service de Dieu libérait du servage terrestre; des nobles francs ou burgondes qui, subjugués par la sainteté de la vie de Luxeuil, amenaient leurs fils pour qu'on les instruisît, qu'on les gardât, ou venaient offrir eux-mêmes leur chevelure aux ciseaux de l'abbé, se soumettre à une règle dont la dureté ne rebutait point.

La discipline imposée par Colomban à ses moines est la plus sévère qui ait existé en Occident, car elle ne connaît pas, comme celle de saint Benoît, d'adoucissement ou d'exception. L'obéissance absolue à l'abbé, le silence, en font la base ; puis c'est le jeûne perpétuel (un seul repas, le soir, composé de pain, de légumes et d'eau), ne comportant aucune tolérance pour les faibles et les malades, et le travail incessant ; les moines de Colomban abattaient les forêts, ensemençaient, cultivaient, construisaient, ce qui ne les empêchait pas d'étudier l'Écriture sainte et de propager la bonne parole. Eh bien, cette règle dont la dureté nous effraye, ce labeur écrasant, furent pendant près de deux cents ans la règle et le labeur choisis librement par des milliers d'hommes ; à une époque de corruption, de jouissance, de désordre, des légions de nobles, enflammés par la sainteté de Colomban, se rangèrent sous sa loi ! La sève chrétienne fut par lui rajeunie dans notre pays de France ; il flagella moralement les rois aux mœurs éhontées, les évêques courtisans, comme il flagellait matériellement ses moines pour la moindre faute. Et cette fougue, cette témérité, amenèrent des conflits terribles entre l'abbé de Luxeuil d'une part, les évêques, Brunehaut et son petit-fils d'autre part.

Les démêlés de Colomban avec l'épiscopat gaulois semblent avoir eu surtout pour objet certaines « singularités irlandaises » de Colomban ; la tonsure celte n'était pas celle du rite romain. Cela va vous faire sourire, mais je puis vous affirmer qu'en Angleterre, la double question de la tonsure et de la fixation de la fête de Pâques furent une cause de dissensions, je dirai même de schisme, pendant deux cents ans.

« Mais, direz-vous, pourquoi les Irlandais, bons catholiques, avaient-ils des pratiques spéciales ? » La cause est bien lointaine : la Grande-Bretagne et l'Irlande avaient été évangélisées au temps de l'Empire romain ; les invasions barbares sur le continent, les invasions maritimes en Bretagne, avaient peu à peu fait cesser toute relation entre les îles et Rome. Les Celtes, refoulés par les Saxons, et les Irlandais, avaient jalousement gardé leurs traditions chrétiennes ; mais quand, au bout de plusieurs siècles, le pape

Grégoire le Grand fit évangéliser l'Angleterre, les missionnaires, derrière les païens qu'ils venaient chercher, trouvèrent des chrétiens, gardiens immobiles d'usages anciens, alors que Rome, centre de la lutte dont l'Occident était le théâtre, avait peu à peu modifié certains rites, et établi la règle actuelle pour fixer la date de Pâques. Ces lentes modifications, l'Irlande ne les accepta pas, et sa lutte avec Rome durait encore lorsque Colomban vint en Gaule.

Hâtons-nous de dire que ce feu apporté par l'ardent apôtre ne s'étendit pas, ses discussions fort âpres avec les évêques ne furent que des discussions; jamais Colomban et ses disciples ne furent persécutés pour avoir conservé leurs usages nationaux, ni pour avoir parfois reproché aux évêques une trop grande complaisance vis-à-vis du pouvoir.

III

La lutte que Colomban entreprit contre les mœurs de la famille royale eut un caractère autrement aigu et tragique.

La Gaule est déchirée par les rivalités de Frédégonde, gouvernant la Neustrie au nom de son fils, et Brunehaut, grande et terrible figure de reine, tutrice du roi d'Austrasie. Gontran, roi de Bourgogne, est mort sans fils; la Bourgogne passe alors à son petit-neveu, Thierry II, tandis que Théodebert, frère de Thierry, a l'Austrasie. Ces deux rois enfants sont sous la coupe de leur grand'mère Brunehaut.

Cette reine, fière et indomptable, domine la moitié de la Gaule; mais déjà les leudes d'Austrasie, impatients de secouer le joug d'une femme, s'emparent de l'esprit du jeune Théodebert, et l'obligent à chasser la régente d'Austrasie. Brunehaut se réfugie en Bourgogne, près de Thierry.

Vous entendrez souvent dire que Brunehaut fut une barbare avide de sang et de pouvoir, sans scrupules, sans aucune élévation d'esprit. Elle fut en effet impitoyable, et la passion du pouvoir lui fit commettre de vrais crimes. Mais cette barbare était cultivée ; elle fit des fondations pieuses ou charitables, telles que l'abbaye d'hommes de Saint-Martin d'Autun, le monastère de femmes Saint-Jean-le-Grand. A Autun encore, elle créa un hospice pour les voyageurs, fit réparer des voies romaines. La Bourgogne garde un fidèle souvenir à cette grande figure chez qui se heurtent toutes les contradictions de son époque.

Mais Brunehaut aimait le pouvoir par-dessus tout ; pour le conserver sous le nom du roi Thierry, elle n'hésita pas à encourager chez ce jeune prince des habitudes de débauche et de désordre, l'éloignant même d'un mariage religieux par crainte de l'influence d'une épouse sur lui. Et c'est ce que la droiture et la sainteté de Colomban ne purent supporter.

Thierry était faible, mais avait des sentiments religieux et honorait l'abbé de Luxeuil, qui en profita pour l'exhorter à s'amender et à épouser une noble princesse. Le roi promit au moine de suivre son conseil. Mais Brunehaut veillait. Elle, qui craignait tant de perdre son ascendant sur son petit-fils, sut bien vite le détourner de ses saines résolutions. Néanmoins, les rapports entre le moine et le prince n'étaient encore altérés en rien. Colomban vint voir Brunehaut à la villa de Boucheresse, non loin de cette Autun où elle se prodiguait.

Un manoir mérovingien... Je pense que c'était quelque ancienne villa romaine, mélange de confort antique et de splendeur barbare, entourée de bâtiments de ferme, de prés et de ces sauvages forêts où abondait le gros gibier. Colomban est en une vaste salle basse ; un grand feu clair dans une immense cheminée envoie des ombres capricieuses sur les murs ornés de trophées de guerre ou de chasse. Le moine et un ou deux compagnons, debout, attendent. Une portière se soulève ; Brunehaut paraît. Elle a toute la majesté de l'âge mûr ; sa beauté célèbre paraît encore, en dépit d'un visage ravagé par les passions et les fatigues. Colomban s'avance, la régente se prosterne devant lui.

L'entretien fut court entre ces deux puissances également

fières, passionnées, l'une pour la justice, l'autre pour le pouvoir, par quelque voie que ce fût. A quoi bon rapporter leur entretien? La reine, se considérant comme outragée, sort sans tourner la tête.

Le feu envoie toujours dans la grande salle des ombres et des lumières fantastiques; il éclaire le visage sévère et grave de Colomban. Les bûches consumées s'effondrent, l'ombre descend sur le saint silencieux; elle s'abat, douloureuse, sur la vie de l'abbé. Désormais, c'est la guerre entre Brunehaut et lui!

IV

Guerre sourde et injuste! La reine ouvre les hostilités. Elle interdit aux moines de l'ordre de Colomban de sortir de leurs monastères, elle interdit à qui que ce soit de les recevoir, de leur donner le moindre secours. C'est une véritable excommunication laïque qui frappe les religieux.

Colomban se redresse sous un tel outrage; dédaignant Brunehaut, il va directement jusqu'au roi, à Époisses, au cœur de la Bourgogne. Thierry ne partageait pas encore l'animosité de sa grand'mère contre le moine. Apprenant que Colomban refusait d'entrer dans la résidence royale, il appela ses serviteurs et leur ordonna de porter à l'abbé un repas somptueusement servi. A la vue des plats et des vases précieux contenant des mets recherchés, Colomban secoua la tête, et avec beaucoup de dignité : « Je ne puis rien accepter, dit-il, de celui qui refuse aux serviteurs de Dieu l'approche et la demeure des autres hommes. » Les esclaves, interdits, restent immobiles; vases et plats tombent à terre et se brisent. Les envoyés du roi reviennent tout tremblants conter ce prodige. Thierry, Brunehaut elle-même, effrayés, se rendent personnellement près du moine offensé, implorent leur pardon, lèvent leurs interdictions, promettent une vie meilleure.

Colomban retourne à Luxeuil. Est-ce la paix ? Hélas, il ne se fait pas d'illusion ! Aussi, est-ce sans surprise, sinon sans une profonde douleur, qu'il apprend bientôt que Thierry est retombé dans ses désordes. Alors, le saint, de Luxeuil écrit à son roi une longue lettre dans ce style irlandais, poétique, dramatique, éloquent, l'admoneste véhémentement et le menace d'une prochaine excommunication.

L'excommunication, la peine la plus terrible que l'Église réserve aux pécheurs endurcis, frapperait le roi de Bourgogne ! Et quelle voix lancerait cette malédiction ? Celle d'un Irlandais venu des extrémités de la terre apporter en Gaule sa tonsure singulière, ses prétentions à fêter Pâques à *son* jour *à lui,* qui voulait régenter évêques et monarques ! Ah ! Brunehaut n'eut pas de peine à soulever contre Colomban évêques et leudes avec le roi. Thierry, irrité, chevauche jusqu'à Luxeuil, pénètre dans le couvent, réclame l'abbé, parle en maître. « Pourquoi, puisqu'il a reçu l'hospitalité en Bourgogne, Colomban entend-il conserver les usages irlandais ? De quel droit l'intérieur du couvent n'est-il pas accessible à tout chrétien, même aux femmes ? De quel droit en a-t-il refusé l'entrée à la reine ? » Sans attendre d'explication, le roi pénètre avec ses hommes jusqu'au réfectoire, tout en continuant ses invectives. « Il te faut, moine, ou bien laisser tout venant circuler dans ton couvent, ou bien renoncer à toute largesse de notre part. »

Colomban, dont l'intrépidité ignore la crainte, répond audacieusement : « Si tu violes la rigueur de nos règles, je n'ai que faire de tes dons ; et si tu es venu détruire mon monastère, ton royaume sera détruit avec toute la race ! »

Thierry recule ; il a peur. Ce terrible moine le domine. Mais, reprenant un peu de hardiesse : « Tu espères, dit-il dédaigneusement, que je te procurerai la couronne du martyre. Je ne suis pas assez fou pour cela... Mais puisque tu ne peux t'entendre avec le clergé de ce pays, va, repasse les mers, retourne en ton île ! » Les leudes entourent le roi ; ils s'écrient tumultueusement qu'ils ne veulent plus souffrir dans la contrée un étranger qui se singularise ainsi. Qu'il parte !

Colomban sent que Thierry va le briser ; il ne se départit pas de son calme. « Je ne sortirai de mon monastère, dit-il, que par la force. »

La force est immédiatement employée ; l'abbé, enlevé par les hommes d'armes, est conduit à Besançon, tandis qu'un véritable blocus est établi autour de Luxeuil.

Époque étrange ! Époque de contradictions perpétuelles ! Colomban est prisonnier à Besançon, mais le respect des habitants lui assure sa pleine liberté dans la ville. Thierry et Brunehaut persécutent un saint, bloquent son couvent ; mais que les moines leur envoient en député un des leurs, le religieux, précédé du bruit d'un miracle, verra la reine et le roi se prosterner devant lui, accorder tout ce qu'il demande, lever le blocus, et faire de nouvelles donations à l'abbaye. Mais leur haine pour Colomban ne désarme pas ; ils le maintiennent à Besançon. Cette ville était construite sur un rocher, dans une boucle du Doubs ; de ce point élevé, la vue s'étendait loin dans la campagne. Un jour Colomban, errant dans les ruelles étroites, comme il faisait presque journellement, grimpa jusqu'au sommet du rocher. Là, les yeux tournés dans la direction de Luxeuil, il regardait attentivement le Doubs, les montagnes, les forêts, qui le séparaient de sa chère abbaye. Puis, silencieusement comme il était monté, il redescendit, sortit de la ville sans être inquiété, et cet homme sans crainte retourna seul, à pied, à Luxeuil !

La joie des siens en le revoyant n'eut d'égale que la fureur des souverains. Un comte et une cohorte de soldats partirent aussitôt pour Luxeuil avec ordre de reconduire l'abbé à Besançon.

Un moine expulsé de son couvent ! Que de fois cette scène se renouvellera au cours des siècles ! Les *expulsions,* nous les avons vécues... Eh bien, c'était tout pareil au VIIe siècle. L'abbé et ses religieux sont au chœur, et chantent l'office ; ils sont nombreux dans une chapelle rustique, en bois probablement, car la forêt a fourni les éléments de construction ; de plus, Colomban est attaché aux coutumes irlandaises, et chez lui les églises sont en bois. Les moines psalmodient. Le comte et ses hommes en armes envahissent l'église; ils sont calmes, disciplinés; l'ordre règne.

Le comte et l'abbé s'avancent l'un au-devant de l'autre. « Homme de Dieu, dit l'officier, nous te prions d'obéir aux ordres du roi et aux nôtres, et de t'en aller là d'où tu es venu. — Non, répond Colomban très maître de lui, ayant quitté ma patrie pour le service de Jésus-Christ, je pense que mon Créateur ne veut pas que j'y retourne. »

Colomban refuse d'obéir; l'heure est à la force. Oh! les soldats choisis par le roi l'ont été avec soin parmi les plus durs, les plus féroces. A eux d'expulser l'étranger! Ils se précipitent... Mais l'homme dont le regard dompte les loups jette les yeux sur eux. Frissonnant d'un sentiment inexprimable, les Burgondes s'arrêtent soudain, puis s'agenouillant humblement : « Homme de Dieu, pardonne-nous le mal que nous devons faire; aie pitié de nous... Sors, notre vie répond de ton obéissance! » Colomban avait juré qu'il ne céderait qu'à la force; la vie lui importe peu, mais il ne veut pas causer la mort de ces hommes. Il cède, et sort, pour n'y plus jamais rentrer, de ce sanctuaire qu'il a édifié, de ce Luxeuil qu'il a ressuscité.

Funèbre cortège : le comte, les soldats entourant l'abbé, les moines, gémissant et pleurant leur père; et le saint, consolant ceux qu'il laisse, leur rappelle que toute persécution vivifie ce qu'elle veut anéantir. Qu'allait-on faire du prisonnier? Si Brunehaut voulait se débarrasser de l'homme qui la bravait, elle voulait garder à la Bourgogne ce Luxeuil, orgueil et richesse du pays. Puisque c'étaient ses singularités irlandaises que l'on reprochait à Colomban, ce fut l'*Irlandais* qu'elle bannit avec ses compatriotes; les moines francs ou burgondes resteraient à Luxeuil.

V

Les malheureux insulaires commencent un dur voyage dont Besançon, Autun, Avallon, Auxerre, Nevers, sont les premières étapes. Là ils s'embarquent sur la Loire qu'ils ne quitteront plus qu'à Nantes. Colomban avait soixante-sept ans.

Ce pénible exode fut rendu plus pénible encore par la terreur qu'inspirait Brunehaut, et qui empêchait tout témoignage de sympathie à ses victimes. A Orléans, nul n'osa leur donner ou leur vendre des vivres; les églises même leur étaient fermées. Mais ce que Francs et Gallo-Romains ne firent pas, une étrangère l'accomplit; une Syrienne offrit hardiment l'hospitalité aux moines et leur procura tout le nécessaire. Colomban, reconnaissant, guérit le mari aveugle de cette charitable femme. Le peuple d'Orléans, ému, aurait volontiers baisé la robe du saint; il n'osa bouger. Le bateau arrive à Tours. Pour la première fois, Colomban implore ses gardiens. « Abordez à la ville, et laissez-moi prier sur le tombeau de saint Martin. » Les mariniers eussent aimé céder à l'exilé, mais les sauvages gardiens s'interposent : « Faites force de rames et passez au milieu du fleuve; nous n'aborderons pas. »

Faites force de rames et passez au milieu du fleuve... La Loire est capricieuse : subitement, le courant devient contraire, les rameurs ne sont plus maîtres du bateau; de remous en remous, la barque va d'elle-même au port de Tours. Les soldats n'osent alors s'opposer au débarquement des moines, que l'évêque lui-même, digne successeur de Grégoire de Tours, vient chercher et emmène en sa maison. Et là se produisit un incident qui émut profondément les assistants et que je dois vous rapporter.

Nombreux ce soir-là sont les hôtes de l'évêque, et parmi eux est un leude de Thierry. Un des convives, peu au courant des événements, ou ne les comprenant pas, demande à

8

Colomban : « Pourquoi donc, homme de Dieu, quittes-tu notre pays pour regagner le tien? » Colomban, qui jamais ne trembla, répondit à haute voix : « Ce chien de Thierry m'a chassé d'auprès de mes frères. » La hardiesse de ce langage effraya les assistants; le leude, se penchant sur l'abbé, lui chuchota à l'oreille : « Ne vaut-il pas mieux abreuver les gens de lait que d'absinthe? — Je vois, reprit Colomban, que tu veux garder ton serment de fidélité au roi Thierry. Puisqu'il en est ainsi, va le trouver, ton seigneur, ton ami, et dis-lui que d'ici trois ans sa race sera anéantie par Dieu. — Pourquoi, poursuivit le leude frémissant, parler ainsi, homme de Dieu? — Je ne puis, répondit solennellement le saint, taire ce que le Seigneur me charge de révéler! »

Voyez-vous d'ici le frisson de terreur qui secoua l'assemblée? Colomban était trop respecté pour ne pas être cru sans hésitation : dans trois ans, la race de Thierry aurait disparu! le roi n'avait encore que vingt-trois ans!

Les exilés continuent leur voyage; les voilà enfin à Nantes, l'antique capitale gauloise des Namnètes, Nantes, *la ville sur l'eau* (*Nant* signifie rivière). Avant de quitter à jamais le continent, Colomban, dans une lettre admirable, envoie un suprême adieu à Luxeuil, fait à ses frères ses dernières recommandations, comme un mourant... Mais n'était-il pas déjà mort pour la Gaule? Un navire irlandais attend sur la côte, dans l'océan immense. Les moines le rejoignent en chaloupe. Mais la mer se gonfle et mugit; le navire, battu par une tempête soudaine, s'échoue sur le sable. Ah! c'est Dieu qui manifeste ainsi sa volonté. Débarquez Colomban et ses religieux, rendez-les à la Gaule! Et puis, partez, capitaine : le Ciel ne contrariera plus votre voyage.

Colomban est sur la plage : devant lui, l'Océan sans limite qui l'a rejeté; derrière lui, cette Gaule qu'il a flagellée, qu'il a galvanisée, et qui l'aime. L'apôtre, résolument, se détourne du rivage et s'enfonce dans les terres.

Il se rend chez Clotaire II, roi de Neustrie, ennemi de Thierry. Et par haine de Brunehaut, le fils de Frédégonde accueille le moine avec empressement. Oh! s'il voulait rester, s'il voulait recommencer en quelque solitude de Neustrie l'œuvre immense de Luxeuil... Colomban secoue la tête et refuse. Il demande simplement une escorte pour l'accompagner près de Théodebert, roi d'Austrasie. Là, il est encore accueilli à bras ouverts par le frère ennemi de Thierry, là encore on cherche à le retenir, mais en vain.

Metz, résidence royale, n'était pas très loin de Luxeuil; sachant leur père spirituel dans la région, quelques moines, trompant la surveillance dont le couvent était l'objet, parvinrent à rejoindre leur abbé pour ne plus le quitter. Colomban se trouvait de nouveau à la tête d'une vraie petite communauté. Alors, se sentant rajeuni, revivifié, et par ailleurs protégé par Théodebert, l'apôtre s'élance à la conquête de nouvelles âmes. Après avoir réformé les chrétiens, il va convertir les païens. Il s'embarque avec ses frères à Mayence, et remonte lentement le Rhin, frontière de la Gaule chrétienne et de la Germanie d'Odin, jusqu'au cœur des Alpes helvétiques, et se fixe d'abord à Zug, puis à Brégenz, au bord du lac de Constance.

VI

L'Évangile n'avait pas encore pénétré dans ces régions, si bien défendues par la nature. Colomban s'y lança avec une impétuosité que l'âge ne calmait pas. Il avait un puissant auxiliaire en la personne de son ami Gall, un Irlandais qui possédait à fond la langue germanique. Leur mode de prédication, ardent jusqu'à la violence, n'allait pas sans danger, et c'est miracle que les saints apôtres n'aient pas été martyrisés! Ils jetaient les idoles dans le lac, brûlaient les temples de bois, brisaient les chaudières où les Germains faisaient bouillir la bière qu'ils buvaient dans les fêtes d'Odin. Une telle manière de procéder, il faut le dire, provoquait plus de haine qu'elle n'amenait de conversions. Jadis, saint Martin avait pu agir ainsi en Gaule, mais il le faisait dans un pays déjà christianisé, où l'autorité était aux mains des chrétiens. Saint Colomban et saint Gall durent s'enfuir de Zug, chassés comme des malfaiteurs, et c'est alors qu'ils vinrent à Brégenz.

Ils eurent grand'peine à vivre; les habitants, méfiants, ne les aidaient en rien. Nos moines se nourrirent d'oiseaux sauvages, cultivèrent quelques légumes; puis, en vrais apôtres du Christ, ils menèrent au bord du lac de Constance l'existence de Pierre et d'André au bord du lac de Tibériade : ils furent pêcheurs de poissons pour pouvoir devenir pêcheurs d'hommes. Saint Colomban, patiemment, fabriquait et raccommodait des filets; saint Gall, montant dans la barque, jetait l'épervier à l'eau, et le ramenait plein de poissons...

« Seigneur, nous avons pêché toute la nuit... »

Une nuit sans lune s'étend sur le lac; tout est silence, tout est mystère. Parfois, le hululement d'une chouette traverse l'espace de sa longue plainte. La barque de saint Gall est immobile sur l'eau; les filets, entraînés par des pierres, oscillent lentement sous le clapotis des vagues; saint Gall veille.

Un bruit étrange et sinistre, d'abord faible murmure, bientôt mugissement formidable, retentit dans la montagne. Une voix inhumaine se fait entendre : « Démon des eaux, éveille-toi ! — Me voici, démon de la montagne, répond l'esprit du lac; que me veux-tu ? — Lève-toi, hurle la voix des Alpes, que les eaux et la montagne s'unissent pour chasser ces étrangers ! J'avais un temple où l'on m'adorait dans ce pays : ils m'en ont expulsé. Viens, aide-moi ! Renvoyons ces chrétiens. — A quoi bon ? gémit le démon du lac dans un murmure de vagues. Nous ne pourrons jamais... Vois celui-ci dans sa barque. Combien de fois ai-je voulu briser ses filets ? Je soulève les eaux, elles ne peuvent l'engloutir. Il ne dort jamais et est toujours sur ses gardes. Son Dieu le protège ! »

Dans le grand calme de la nuit, le sanglot du démon des eaux monte jusqu'à saint Gall comme une sinistre plainte; et là-bas, dans la montagne, se brise à chaque rocher la voix du démon des Alpes. Alors l'apôtre se dresse dans sa barque,

Puis sa tête s'inclina et il s'endormit.

comme jadis le Christ pour apaiser la tempête. Il trace le signe rédempteur dans l'air peuplé d'esprits malins. « Suppôts de Satan, au nom de Jésus-Christ, je vous ordonne de vider ces lieux sans oser nuire à qui que ce soit ! » Sa voix forte résonne dans l'immense solitude. Le moine, en toute hâte, ramène ses filets, fait force de rames vers le rivage, et court vers Colomban.

« Père très saint, éveille-toi, et prions ! les démons errent autour de nous ; les eaux et les montagnes veulent s'unir pour nous détruire et chasser le Christ de ces rives sauvages ! »

Déjà Colomban est debout. « Alerte, mes frères, le démon veille autour de nous. Debout, que nos prières l'expulsent à jamais ! » Les moines, surpris dans leur premier sommeil, sonnent à toute volée l'office de nuit, et se réunissent en leur pauvre chapelle. Ils entonnent le premier psaume...

Un long hurlement retentit dans la montagne ; les échos se renvoient les cris terrifiants des démons. « Hou ! Hou ! Hou ! » Les voix s'élancent de tous côtés, s'élèvent, s'élargissent... Une clameur d'enfer remplit la montagne. Les vociférations se croisent et se répondent ; le tumulte des eaux se joint à celui des gorges. Le lac soulevé va submerger l'humble chapelle. Les moines, glacés d'effroi, chantent toujours. *Miserere mei, Deus*... « Hou ! Hou ! » répondent les démons. Mais déjà le bruit faiblit, les voix s'éloignent et se perdent dans la montagne et au fond des eaux. Hou ! Hou ! Ce n'est plus qu'un murmure, puis le silence...

Les moines entonnent le *Magnificat*.

. . . .

Lentement, quelques Germains viennent à Colomban, l'homme étrange qui chasse les démons, et par lui viennent au Christ. Mais la petite colonie ne devait pas se développer. Les événements politiques allaient retarder son essor en poursuivant impitoyablement l'abbé de Luxeuil.

On ne sait pour quelle cause Colomban dut aller trouver le roi Théodebert, son protecteur, toujours en guerre avec Thierry. Le roi d'Austrasie, inquiet, demanda au saint ce qu'il lui conseillait de faire.

« Une seule chose peut te sauver, ô roi! s'écria prophétiquement le moine. Laisse ton royaume terrestre à ton rival; coupe ta longue chevelure; réfugie-toi près de notre **Mère** l'Église; expie tes fautes... Là seulement est ton salut! »

Le tonnerre tombant devant le roi et ses leudes n'eût pas causé plus de stupeur que les paroles de Colomban. Puis un immense éclat de rire accueillit ce burlesque conseil. A-t-on jamais vu un roi couper lui-même sa chevelure? Se faire moine? Renoncer à la puissance, à la guerre, aux jouissances, aux bijoux, aux belles armes, céder à son adversaire, **et** s'enfermer en un cloître pour y chanter vêpres et matines? Vraiment, c'était trop se moquer de parler ainsi! Colomban gardait son sang-froid devant les rires et les injures. « Si le roi ne devient pas moine de plein gré, dit-il intrépidement, il le sera de force! » Puis il repartit pour Bregenz.

Peu après, Thierry avait envahi l'Austrasie, poursuivait son frère jusqu'à Cologne. Une bataille décisive s'engagea à Tolbiac, ce Tolbiac où Clovis avait invoqué le Dieu de Clotilde.

... Colomban, alors, errait dans un bois près du lac de Constance avec un de ses disciples; le vieux moine, fatigué, s'assit, pour lire, sur un tronc d'arbre; puis sa tête s'inclina et il s'endormit. Son compagnon respectait son sommeil. L'abbé s'éveilla brusquement avec une expression d'horreur. « Prions, mon frère, car je viens de voir Théodebert et Thierry engagés dans une lutte à mort. — Cher Père, donnez le secours de vos prières à Théodebert, afin qu'il l'emporte sur Thierry, votre ennemi commun. » Vrai fils du Christ, Colomban secoua la tête. « Tu me donnes un conseil insensé; ce n'est pas là ce que veut Notre-Seigneur. Il nous a commandé de prier pour nos ennemis! »

La lutte sanglante se poursuit à Tolbiac; Théodebert tombe entre les mains de Thierry; le frère vindicatif l'envoie à l'implacable Brunehaut qui, depuis longtemps, n'avait plus aucun sentiment maternel pour le roi d'Austrasie. La vieille reine regarda froidement son petit-fils vaincu, lui fit raser la tête et l'enferma dans un monastère.

La prédiction de Colomban était réalisée!

VII

Mais ce qu'il n'avait pas révélé au jeune roi, c'est que son séjour au cloître serait de courte durée. Brunehaut fit bientôt mettre à mort son petit-fils et les fils de celui-ci. Désormais Thierry II, et par lui Brunehaut, les impitoyables ennemis de Colomban, étaient maîtres de l'Austrasie comme de la Bourgogne. Leur autorité s'étendant jusqu'au Rhin supérieur, allait chercher leur victime à Bregenz. Colomban n'y était plus en sûreté. Il lui fallait partir, s'en aller plus loin, toujours plus loin !

L'apôtre irlandais est bien vieux ; il aspire à un peu de paix, un peu de repos. Il n'attend pas que la haine de Brunehaut vienne le chercher à Bregenz ; il s'enfonce au plus profond des Alpes, remonte le Rhin, franchit le versant italien et arrive à Milan, où le roi Agilulfe, converti par sa femme Théodelinde, le reçoit avec respect.

Milan était depuis deux cents ans la forteresse de l'arianisme ; la conversion du roi n'avait pas entraîné celle de tous ses sujets. Quel champ d'action pour Colomban ! Il combat l'arianisme comme il a combattu l'affaiblissement des mœurs franques. Puis il se retire en un lieu solitaire, Bobbio, dans les Apennins, près d'une antique église dédiée à saint Pierre ; il la restaure, y fonde une abbaye, et se prépare à y mourir. Mais Dieu ne veut pas encore l'appeler.

Brusquement, la scène change en Gaule. Thierry, roi de Bourgogne, d'Austrasie, et d'une partie de la Neustrie, meurt subitement à vingt-six ans, empoisonné, dit-on. Brunehaut, dont la vitalité semble un défi à ses contemporains, veut régner sous son arrière-petit-fils comme sous son petit-fils et son fils. Mais elle a amassé trop de haines contre elle ; les leudes se soulèvent, appellent Clotaire II contre la régente. Brunehaut, vaincue par la coalition, est livrée à Clotaire avec ses quatre arrière-petits-fils. Le fils de Frédégonde fait égorger les enfants; quant à Brunehaut, vous connaissez son affreux supplice : attachée par un bras, une jambe, les cheveux, à la queue d'un cheval indompté, elle fut mise en pièces par la course de l'animal affolé. Les moines de Saint-Martin d'Autun recueillirent les restes de leur fondatrice et les ensevelirent dans leur abbaye.

« Dans trois ans, avait dit Colomban, Thierry et sa race seront anéantis. »

Alors Clotaire II, ayant opéré par le massacre la fusion des trois royaumes, se souvint de saint Colomban. Il envoya dévotement le nouvel abbé de Luxeuil avec une escorte de seigneurs demander à l'Irlandais de rentrer en Gaule.

Mais Colomban refusa; il écrivit au roi sanguinaire une lettre de remerciements et d'avis salutaires qui devaient, hélas! rester inutiles. Puis, quittant sa petite communauté, le fondateur d'Annegray, de Luxeuil, de Brégenz, de Bobbio, se retira dans une caverne des Apennins qu'il convertit en chapelle de la sainte Vierge. Et c'est là que, le 21 novembre 615, mourut paisiblement le missionnaire ardent dont la vie fut si agitée, et qui fut « pour plusieurs un sujet de contradiction ».

SAINT ÉLOI (590-659)

I

Vous riez d'avance : saint Éloi... le roi Dagobert... Personnages comiques, n'est-ce pas? Eh bien, j'ai eu beau lire et relire l'histoire de saint Éloi, je n'y ai rien trouvé de comique. Ce fut un homme prodigieux, un artiste, un diplomate, un politique, un missionnaire. Et Dagobert, qui ne régna que dix ans, fut le plus grand roi mérovingien, le plus puissant, doué d'une intelligence remarquable, mais il ne fut pas un saint. En dépit de sa réputation, rien en lui ne prête à rire.

Éloi était un enfant du peuple aisé, de ce Limousin où se heurtaient au VIᵉ siècle, sans arriver à se pénétrer, la race et la civilisation gallo-romaines, la race et la violence barbares; un seul point de contact réel : le Catholicisme; en dehors de cela, dissemblances partout. Il naquit dans la *villa* de Chapdelat. La *villa* était tout un village, comprenant d'abord l'habitation et les jardins particuliers du propriétaire, ornés de tout le luxe et le confort que connaissaient encore les Gallo-Romains, et que cherchaient à imiter les Francs. Puis la *villa rustique,* bâtiment d'exploitation agricole, maison des ouvriers, serfs ou libres. Les parents d'Éloi, chrétiens depuis plusieurs générations, étaient de condition libre et propriétaires de leur maison et de leur lopin de terre. Sur le territoire de la villa s'élevait un oratoire, où l'on disait sans doute la messe chaque dimanche

pour les habitants de Chapdelat, qui jouait le rôle des chapelles de secours actuelles dans les paroisses trop étendues
ou trop disséminées. Son chroniqueur parle peu de l'enfance d'Éloi. Il apprend certainement de bonne heure à lire
et à écrire, car nous le voyons, adolescent, *continuer* son
instruction, mais surtout on lui enseigne sa religion, le
catholicisme de ses ancêtres ; il connaît le dogme, il connaît
la direction de l'Église ; vivant à une époque de conflits et
de heurts, de crimes et d'austérité, ses maîtres, inconsciemment, développent en lui la « crainte du Seigneur ».
Le christianisme du VIIe siècle n'est pas le christianisme
poétique et confiant des époques heureuses ; Dieu, perpé-
tuellement offensé, est un Dieu majestueux et terrible, mais
les saints du Paradis, les saints de la terre de Gaule, surtout, sont près de lui, pour l'adoucir et lui transmettre les
humbles requêtes des pauvres Gallo-Romains. Au premier
rang est saint Martin, l'apôtre universel de la Gaule, puis
saint Martial, le premier évêque de Limoges, et que les
Limousins disaient être disciple direct du Christ. On commençait de parler aussi de Radegonde, la sainte reine retirée
à Poitiers, et morte peu avant la naissance d'Éloi. Ainsi,
tout enfant, le futur évêque de Noyon aura le culte des
saints, et nous le verrons plus tard propager ce culte par
l'art et par l' « invention » des reliques des apôtres du nord.

Mais pour l'instant Éloi n'est qu'un petit garçon, constamment dans les ateliers des forgerons, des orfèvres du
seigneur de Chapdelat ; il s'amuse à voir le fer rougi prendre
mille formes diverses sous le marteau, les lames d'or s'amin-
cir en feuilles légères ; lui-même s'exerce à assouplir le
métal rebelle. Son adresse, son coup d'œil, la justesse de son
goût révèlent bientôt une véritable vocation d'artiste ; les
ouvriers sont ses amis, les esclaves qu'il voit parfois mal-
traités ont toute sa compassion. Ainsi se forme sourdement
chez lui un lent travail ; dans quelques années en sortira le
grand orfèvre du VIIe siècle et le premier libérateur d'esclaves. Il était alors tout à fait d'usage, presque de règle,
que les fidèles allassent célébrer à la cathédrale la fête de

Pâques, comme jadis les Juifs, à Jérusalem ; les prêtres y allaient comme de simples fidèles ; naturellement, cela ne se pouvait que dans un rayon assez restreint, à cause des difficultés de communication. Mais Chapdelat n'est pas loin de Limoges ; et les parents d'Éloi, fervents catholiques, y emmenaient leurs enfants fêter Pâques.

Le petit Éloi fut donc de bonne heure un familier de l'antique capitale lémovike, la grande ville romaine, porte du Midi ; il fut de bonne heure un familier de la pompe liturgique, et sur son cerveau d'enfant plana la grande figure de saint Ferréol, évêque de Limoges.

Saint Ferréol fut, comme saint Aignan, saint Loup, saint Prétextat, et tant d'autres, un *défenseur* de la cité ; mais tandis que les deux premiers défendirent Orléans et Troyes contre Attila, que le troisième lutta à Rouen contre Frédégonde, saint Ferréol protégea ses ouailles contre la cupidité de Chilpéric. Ce roi avait délégué un référendaire, Marcus, pour procéder à un recensement des biens afin de prélever de nouveaux impôts (déjà à cette époque !). Quand Marcus commença ses opérations, il se vit entouré d'une foule grondante et menaçante ; le principal personnage de Limoges siégeait avec Marcus. Avec beaucoup de dignité, l'évêque se leva et défendit les droits de la cité contre le roi. Le fonctionnaire s'emporta, menaça l'évêque et le peuple. Alors l'émeute qui fermentait éclata brusquement ; les cris de : « A mort Marcus ! » allaient être suivis d'exécution. Mais Ferréol, défenseur du peuple, l'empêche de commettre un crime ; il s'élance devant le référendaire, et la foule s'arrête, domptée. Profitant de cette accalmie, l'évêque cache Marcus dans une basilique, puis aide à son évasion. Mais il ne peut empêcher les Limousins excités de brûler les registres de comptes, il ne peut empêcher Chilpéric d'envoyer des officiers punir cruellement la ville révoltée, et la réduire par le sang. Mais Ferréol avait défendu le droit de la ville, il avait défendu Limoges gallo-romaine contre le Franc, que détestaient et méprisaient, comme trop barbare, ces populations affinées de l'entrée de l'Aquitaine.

Aussi les Limousins reconnaissants gardaient-ils un vrai culte à leur évêque.

Éloi, tout enfant, entendait raconter et commenter cette histoire vieille à peine de dix ans quand il naquit; et lorsqu'aux jours de fête il voyait le héros Ferréol présider aux cérémonies entouré d'un nombreux clergé, c'était pour lui la religion vivante, l'histoire vivante, le patriotisme vivant, car le Limousin supportait difficilement le joug des Mérovingiens.

Et pourtant Éloi devait devenir l'ami, le conseiller, le ministre de trois rois mérovingiens successifs!

Éloi, suivant l'expression de saint Paul, s'est dégagé de tout ce qui tient à l'enfance; le voilà jeune homme; il est sain et vigoureux, sérieux, pieux; très adroit de ses mains, artiste-né, il sait tout ce qu'il pouvait apprendre à Chapdelat. Son père se décide à s'en séparer et le met, pour finir son apprentissage, à l'atelier monétaire de Limoges que dirigeait alors Abbon.

Voilà donc notre futur saint *ouvrant* l'or et les pierres précieuses dans la ville de saint Martial, au VIIᵉ siècle, centre artistique. L'époque mérovingienne a été passionnée d'or et de bijoux; aucune période ne fut plus prodigue de bracelets, d'agrafes, de ceintures, de boucles, de diadèmes d'or et d'argent travaillés, de pierres taillées; églises et abbayes abondent en calices, en croix, en châsses d'or ciselé. Quelques auteurs font dater de la ville et du temps de saint Éloi l'art si français, si limousin, de l'émail. Mais son métier ne prenait pas toute son âme à Éloi. Il eut le bonheur très rare de pouvoir continuer sans contrainte à l'atelier la vie de piété dont il avait l'habitude. Son maître Abbon était un honnête homme, à la tête d'un établissement officiel, dans une ville profondément catholique, dans une ambiance toute religieuse. Éloi fréquentait la cathédrale, le tombeau de saint Martial; il assistait aux cérémonies, mais surtout suivait avec assiduité les instructions, les complétait par ses lectures.

Et les années passèrent ainsi, sans événements dignes d'être venus jusqu'à nous.

Je ne sais si c'est à cette époque qu'il faut placer un séjour d'Éloi à la Monnaie de Marseille. Comment y fut-il envoyé? Pourquoi? Combien de temps y resta-t-il? Autant de questions que je dois laisser sans réponses, et je ne vous signalerais même pas ce voyage en Provence, s'il n'était marqué par un fait mémorable.

Nous avons vu l'enfant jouer et vivre au milieu d'esclaves et de serfs, compatissant à leur triste condition. Lorsque, dans cette Marseille lumineuse et remuante, il vit aborder au Vieux-Port des felouques ou des tartanes dont les esclaves enchaînés maniaient en gémissant les lourdes rames, qu'il vit débarquer sous les coups de fouet des traitants des malheureux aux types les plus divers, païens ou chrétiens, qu'on exposait ensuite comme du bétail sur la place publique, son cœur de fils de l'Église fut ému de compassion; il employa toutes ses réserves disponibles à racheter ces misérables, leur donnant ensuite la liberté, même si c'était des Maures africains.

Et c'est ainsi que saint Éloi fut, au début de ce féroce VIIe siècle, le promoteur de l'œuvre si française du rachat des esclaves!

La « vie cachée » de notre saint se termine ici.

II

Il vint à Paris, jeune encore, peut-être à la Monnaie, et se lia avec Bobbon, trésorier du roi Clotaire, homme doux et parfaitement honnête. Éloi était dès lors sur le chemin de la gloire et de la fortune.

Clotaire II est ce roi de Neustrie qui avait, peu d'années auparavant, accueilli saint Colomban exilé par Thierry de Bourgogne. A dire vrai, Clotaire ne valait probablement pas mieux que les autres Mérovingiens, mais c'était un prince intelligent, ami des arts, protecteur de l'Église. Il aimait le faste, se faisait appeler Votre Sublimité, s'exerçait à copier la cour de Byzance, s'entourait de leudes richement vêtus, qui ne gardaient plus rien de la rude liberté d'allure et de langage des anstrustions de Clovis.

Ce roi magnifique voulait vivre dans un cadre magnifique. C'est pourquoi, un jour, il lui prit fantaisie de donner ses audiences, comme un monarque oriental, sur un siège d'or enrichi de pierres précieuses. Mais à qui faire faire ce fauteuil ? Quel ouvrier sera tout à la fois assez habile pour contenter le roi, assez honnête pour ne pas détourner une trop grande quantité de l'or qui lui sera confié ? Clotaire s'adressa à Bobbon, et Bobbon pensa immédiatement à Éloi qui accepta de tenter l'épreuve. Clotaire remit à son trésorier un grand nombre de barres d'or et le jeune ouvrier se mit incontinent au travail.

Mais il dut sourire, le scrupuleux Limousin, en voyant tout le métal précieux qu'on lui avait livré. Pourquoi tant d'or ? Il en a près du double de ce qu'il lui faut ! Artiste consciencieux, Éloi ne songe guère à détourner à son profit une partie de ce trésor ; combien ne se faisaient pas faute d'agir ainsi, le cas échéant ! Il termine le fauteuil et le présente au roi.

Certes, pour une si solennelle circonstance, l'ouvrier a dû revêtir ses vêtements de fête, quelque tunique de couleur vive richement brodée ; sans doute un bijou orne le poignet, ou le cou, ou le manteau du ciseleur ; mais son attitude est modeste, presque craintive. Il a bien tort de s'intimider ainsi : Clotaire s'exclame devant le fauteuil d'or ; il en admire le dessin et l'exécution, et ordonne de payer richement l'auteur du chef-d'œuvre. Éloi a repris toute son assurance. D'un geste rapide, il écarte une draperie et découvre un second siège semblable au premier. Quoi ! Deux sièges avec l'or donné pour un seul ? Le roi reste stupéfait ; les leudes et les clercs de son entourage chuchotent déjà : « C'est un miracle. Dieu a multiplié l'or entre les mains de cet ouvrier sans précédent, » car Éloi, interrogé, a répondu tranquille-

Il écarte une draperie et découvre un second siège semblable au premier.

ment : « Ne voulant rien perdre de la matière qui me restait, j'ai exécuté en outre ce deuxième fauteuil. »

Clotaire n'en revient pas ; il ne se lasse pas de questionner le protégé de Bobbon, et charmé de l'esprit qu'il montre, le garde près de lui.

Voilà donc saint Éloi à la cour du roi des Francs. Dans quel milieu va-t-il se trouver ?

Je vous l'ai déjà dit maintes fois : le haut moyen âge, vu à des siècles de distance, est une époque d'incohérence, de heurts, de violences ; pas de nuances, pas de mesures. D'un côté, le roi, héritier de Frédégonde, héritier de la corruption et de l'avidité de Chilpéric comme de l'intelligence et de la puissance de Clovis ; des leudes courtisans, ambitieux, chrétiens de nom, barbares de fait, grossiers et souples tout à la fois ; d'un autre côté, mêlés à ce monde peu intéressant en soi, sortis souvent de la même souche, des hommes d'un savoir éminent, d'une sainteté qui en impose à tous, que nous honorons sous les noms de **saint Ouen**, saint Sulpice, saint Didier, et qui occupent parfois de hautes charges comme fonctionnaires ; puis un monde d'esclaves et d'affranchis, ces derniers pouvant (et ceci est à la louange de ces tyrans barbares) parvenir à n'importe quel poste ; les autres, humbles serviteurs et ouvriers. Parmi eux, comme parmi les nobles, Éloi saura deviner des âmes d'élite, des saints, et leur faciliter une vie plus pure.

Le roi est le maître ; il met au poste qu'il lui plaît, l'homme qui lui plaît. Félicitons Clotaire d'avoir su distinguer Éloi et de l'avoir constamment protégé contre l'envie de ses nobles et de ses « nourris ». On appelait ainsi des fils de seigneurs élevés et nourris à la cour, petits pages rêvant de devenir des comtes puissants ; nous retrouverons cette institution dans la France féodale.

Enfin, il y avait la *chapelle* du roi. Ce mot évoque pour vous l'idée d'une église non paroisse, comme celle d'un couvent. Ce n'était point cela à l'origine. La chapelle était une châsse contenant une relique insigne ; la *cappa* ou tunique de saint Martin, celle, d'après la tradition, dont il donna la moitié à un mendiant. Cette châsse suivait le roi dans tous ses déplacements, avec le clergé attaché à sa conservation, la *capella* d'où nous avons fait chapelle ; le terme s'est étendu à l'oratoire où l'on déposait la chapelle ; le chef de ce clergé était le chapelain. C'est sur la châsse de saint Martin que les leudes prêtaient serment de fidélité au roi.

Éloi, nanti d'un poste officiel, fut invité à prêter ce serment avant d'entrer en fonction. L'orfèvre était une conscience délicate ; la crainte religieuse dominait son âme. Prêter un serment, et le prêter sur une si précieuse relique, lui sembla formidable. Le roi et la cour étaient réunis pour cette cérémonie. Éloi, invité par le chapelain, s'avance ; il refuse respectueusement, mais avec énergie, de prononcer la formule du serment. Grand scandale ! Les leudes sont prêts à s'élancer sur l'insolent ; le chapelain insiste. Éloi, tout bouleversé, se met à pleurer, mais il persiste dans son refus. Homme d'honneur, il tiendra tout serment qu'il aura prêté ; Gallo-Romain, il connaît trop les vices des Mérovingiens pour leur engager ainsi sa foi. Les leudes grondent déjà. Mais Clotaire a plus d'esprit qu'eux ; les scrupules d'Éloi lui inspirent plus de confiance qu'une formule prononcée machinalement. Il sourit à son nouveau fonctionnaire et le dispense du serment.

Saint Éloi courtisan, l'orfèvre de Limoges vêtu de somptueux vêtements de lin ou de soie brodée, arborant ces bijoux enrichis de pierreries qu'affectionne son époque, en compagnie du roi, toutes les fois que son travail lui en laisse le loisir ! Mais ces vêtements de cour cachent un rude cilice ; les bijoux, peut-être les parfums, dissimulent les fatigues des jeûnes et des veilles. Le roi, ami du plaisir, comprend que son orfèvre est un saint ; il le comble de dons qui vont aux pauvres ; en dépit des jalousies de ses nobles, il l'élève de plus en plus jusqu'à lui, jusqu'à en faire son conseiller, son ministre !

Éloi suit paisiblement la marche ascendante de sa fortune ; plus il arrivera haut, plus il pourra faire de bien. Dans ce milieu corrompu, il se sanctifie, s'élève vers Dieu plus vite encore qu'il ne s'élève auprès du roi. Mais il ne monte pas seul. Il est accompagné dans cette ascension spirituelle par son meilleur ami, Dadon, « qu'il aimait comme son âme » et que nous appelons saint Ouen; par Sulpice, chapelain du roi, gardien des reliques, Didier, tous futurs évêques, actuellement tous fonctionnaires royaux entraînés par le tourbillon des affaires, mais sachant conserver l'indépendance de leur âme et dérober quelques heures aux hommes pour les donner à Dieu. A cette phalange d'élite, je dois ajouter saint Faron, l'apôtre de Meaux, qui avait, comme saint Ouen, connu Colomban dans son enfance. En vrais chrétiens, ces jeunes gens de haute naissance savaient accueillir toutes les âmes, et nous voyons leur cercle intime s'élargir pour y faire entrer de simples ouvriers, des affranchis, dont plusieurs devinrent de saints abbés.

Éloi, ai-je dit, avait une conscience délicate; quels que fussent ses efforts pour atteindre. à la vraie pureté d'âme, il croyait toujours ne pas assez se mortifier, être trop indulgent à lui-même. Aussi résolut-il, pour se tranquilliser, de faire une confession générale de ses fautes. Cela vous étonne que l'historien d'Éloi nous signale cette confession comme une chose extraordinaire? A cette époque, l'Église n'avait pas encore fait de la confession une obligation absolue, sauf dans les cas graves; elle la recommandait simplement aux fidèles, surtout pour mesurer leur pénitence. Après cette confession, bien que se sentant le cœur plus léger, Éloi n'était pas encore complètement rassuré; une nuit, s'étant endormi de lassitude en priant, il eut la vision d'un être inconnu qui l'encouragea en ces termes : « Éloi, tes prières sont exaucées et tes vœux sont remplis! » En même temps, il sentit des gouttes parfumées qui embaumèrent la chambre tomber d'un reliquaire sur son front, comme une bénédiction. Il se réveilla plein d'allégresse, et, ne pouvant garder sa joie pour lui seul, en fit part à son ami Ouen, avec injonction de n'en parler à qui que ce fût tant que lui, Éloi, vivrait.

Clotaire favorisait Éloi de plus en plus. Mais pour remplir

avec conscience les fonctions de trésorier, de conseiller, peut-être de juge, que de choses ignorait notre orfèvre ! Eh bien, dans ce siècle barbare, il était facile à un courtisan de s'instruire, car l'étude *du droit* était organisée au palais; ces fonctionnaires mérovingiens n'étaient pas simplement des hommes d'armes imposant leur bon plaisir là où ils dominaient; si barbare que fût leur administration, elle était soumise à des lois très nettes, mais très diverses, car les Gallo-Romains étaient jugés d'après le droit romain, et les Francs d'après la loi salique. Aussi les futurs comtes et majordomes devaient-ils se livrer à des études sérieuses avant de pouvoir aspirer à ces fonctions.

II

Le conseiller de Clotaire n'avait que trente-huit ans quand son protecteur mourut; le nouveau roi, Dagobert, lui conserverait-il sa confiance? A défaut d'autre document, la fameuse chanson serait là pour nous dire que Dagobert et saint Éloi sont inséparables. Mais, Dieu merci, nous avons d'autres preuves !

Que fut Dagobert? Il n'est pas inutile à ce récit de le savoir. Le plus puissant roi mérovingien. Il réunit sous sa couronne la Neustrie, l'Austrasie, la Bourgogne venant de l'héritage de Thierry II; puis, à la mort de son frère, il reprit l'Aquitaine. Il régnait des Pyrénées à la Frise (Hollande), de la Provence à la Saxe; mais les bords de la Méditerrannée et la Bretagne lui échappaient. Au début de son règne, animé par l'esprit de justice, il transporta son tribunal dans nombre de villes et fit rendre gorge aux concussionnaires. Mais bientôt, hélas! saisi, comme tous ceux de sa race, de la soif de l'or, il trouva bons tous les moyens pour remplir ses coffres, leva de multiples impôts, confisqua les biens des riches, souvent ceux du clergé. Assoiffé de plaisirs, vivant dans le luxe et la corruption, il désolait les saints personnages qui l'entouraient. Puis, saisi brusquement de remords, Dagobert, craignant le châtiment céleste, veut adoucir le Très-Haut. Alors il prodigue l'or et les dotations aux abbayes, aux églises ; il a un culte particulier pour saint Denis, qu'il avait jadis invoqué dans un grand danger. A la basilique élevée il y a deux cent cinquante ans par sainte Geneviève, il ajoute une abbaye ; il fera faire par Éloi de merveilleuses châsses d'or fin et de pierreries pour les reliques des saints Denis, Rustique et Éleuthère, une grande croix d'or massif, un tronc en argent pour les offrandes. Mais il dépouillera saint Hilaire de Poitiers de ses portes splendides, d'une cuve de porphyre, d'un lutrin, pour les offrir à saint Denis !

Voilà l'homme ! Politique, il protège l'influence de l'Église, fait reviser et rédiger les lois saliques, et, comprenant le legs précieux que lui a fait son père en la personne d'Éloi, il le garde, le comble de dons tels que la terre de Solignac, l'emploie à de délicates missions, comme l'ambassade près de Judicaël.

Ce dernier fait demande un récit particulier : la *Bretagne Armorique,* comme on disait alors, était un pays indépendant, divisé en plusieurs royaumes ; mais parce qu'il a une histoire et une civilisation très spéciales, il ne faut pas croire qu'il n'eût aucun rapport avec les pays voisins. Les relations avec les Francs étaient suivies, et si j'avais le temps de vous conter l'histoire des saints de Bretagne, vous verriez qu'il y avait une sorte de suzeraineté de la part des rois de Paris, reconnue par les princes et les évêques bretons.

Judicaël avait eu une vie mouvementée ; devenu roi d'Aleth (depuis Saint-Malo) à la mort de son père Judaël, il échappa par miracle au massacre que fit un seigneur de huit fils de Judaël pour régner sous le nom du plus jeune, et se réfugia dans un monastère où il fut moine fervent pendant huit ou dix ans ; puis l'usurpateur lui ayant rendu ses droits dans un pays profondément troublé et décimé par la famine, Judicaël sortit du cloître, remonta sur le trône et rétablit l'ordre et la prospérité avec l'aide de saint Malo. A la suite d'incursions de Bretons, la guerre ayant éclaté entre Dagobert et Judicaël, les hostilités eurent lieu du côté du Mans ; le roi breton battit le puissant roi franc. Dagobert n'était pas vaincu définitivement et s'apprêtait à venger sa défaite ; mais, après un nouvel avantage, Judicaël montra une telle modération que Dagobert, pour achever le différend et reprendre son prestige, préféra la diplomatie aux armes. Et quel meilleur ambassadeur qu'Éloi pouvait-il choisir ?

Saint Éloi s'en fut donc jusqu'aux confins de l'Armorique traiter avec ce roi étrange qui ne poursuivait pas ses conquêtes, avait été un saint moine, et avait dépouillé le froc pour ceindre la couronne ! Éloi avait beau être un laïc et n'avoir nulle idée d'entrer dans les ordres, ce ne dut pas être sans un peu de méfiance qu'il aborda celui que les Bretons honorent comme un saint. A beaucoup, la continuation de la guerre semblait inévitable ; mais des conditions de paix étudiées par saint Éloi et saint Judicaël pouvaient-elles échouer ? « Et eut saint Éloi tel crédit sur Sa Majesté qu'il lui persuada de venir visiter le roi Dagobert, » dit l'historien breton.

L'accord fut donc complet, et ce voyage du roi Judicaël mérite d'être rapporté. Il n'était pas dans les usages, jusqu'au siècle dernier, que les monarques se visitassent ainsi. Judicaël, accompagné d'une véritable armée toute pacifique, suivit Éloi à Rueil, suivant les uns, à Clichy-la-Garenne, suivant les autres. Il voulait d'abord exprimer personnellement au roi franc ses regrets pour les déprédations commises par les Bretons qui avaient amené la guerre. Mais surtout, peut-être, le saint roi, séduit par le charme qui émanait d'Éloi, voulut-il connaître les hommes pieux qui l'entouraient ; car il refusa les appartements que Dagobert lui avait fait préparer, et s'en fut loger et manger chez le chancelier, qui n'était autre que saint Ouen, en compagnie de saint Éloi, de saint Sulpice, de saint Tillon. Que le palais fastueux et les festins étourdissants de Dagobert sont peu de choses auprès de ce petit cénacle !

Quand Judicaël reprit avec ses troupes la route d'Aleth, sa résolution était arrêtée. Il mit ordre aux affaires du royaume et à ses affaires privées ; ses frères saint Josse et saint Winoc ayant refusé la couronne, il la donna à son frère Riwallon et s'ensevelit définitivement dans un cloître.

IV

Éloi, qui croyait rester toujours dans le monde, fondait alors l'abbaye de Solignac, non loin de Limoges, dans un site riant et gracieux, riche sans insolence, aimable en un mot.

La terre fut un don de Dagobert à son ministre : sachant que ce qu'il lui donnait allait toujours au service de Dieu, et sachant aussi que lorsqu'il se présenterait devant le Juge suprême, il aurait grand besoin d'avocats et de prières, Dagobert prodiguait l'or et les terres à son favori.

Solignac fut la plus importante des fondations d'Éloi ; il l'aima comme son père aime son enfant, il l'entoura de soins, lui garda toujours sa prédilection. Il mit le monastère sous la règle de saint Colomban, qui était alors générale en Gaule, mais y introduisit quelques adoucissements tirés de la règle de saint Benoît. Nous savons en outre que les moines de Solignac étaient « d'excellents ouvriers en divers arts ». Soulignons cette phrase ; les moines colombaniens furent de rudes défricheurs ; les Bénédictins, des érudits, des copistes. En cette abbaye où se mariaient les deux règles, nous voyons des artistes, probablement des ciseleurs et des émailleurs, cette industrie qui est la gloire de Limoges. Éloi aimait à venir se reposer de ses travaux à Solignac, comme saint Martin à Marmoutier, mais cet homme prodigieux se reposait rarement.

Un de ses rêves favoris était la fondation à Paris d'un hospice, une sorte d'Hôtel-Dieu pour les pauvres et les pèlerins; il y songeait déjà en faisant construire Solignac, mais il lui parut plus urgent d'établir à Paris un monastère de femmes. Le roi lui avait donné pour cela une maison où entrèrent trois cents jeunes filles, nobles ou esclaves, peu importait. Et voici une petite anecdote qui nous montre que la conscience d'Éloi ne s'était point endurcie avec l'âge :

Les bâtiments terminés, on s'aperçut que non seulement on avait oublié de faire un four, mais qu'il ne restait plus de place pour cela. Que faire? Les nonnes ne pouvaient se passer de pain! Éloi était fort perplexe. Mais, contiguë au couvent était une modeste petite place publique. Éloi fait mesurer le terrain, et bravement va trouver Dagobert et lui demande la petite place. Le roi la donne aussitôt. Que d'enquêtes et contre-enquêtes il faudrait aujourd'hui! On menait les affaires plus rondement au temps du bon roi Dagobert.

Éloi, en possession de son terrain, le fait de nouveau mesurer pour les plans, et s'aperçoit avec stupeur qu'il dépasse d'un pied ce qu'il a déclaré au roi. Il lui a donc menti! Notre pauvre saint bouleversé retourne au palais, se prosterne devant Dagobert et s'accuse si véhémentement que le monarque croit à quelque affaire grave. Quand il sut de quoi il s'agissait, il consola son ministre, et pour reconnaître sa scrupuleuse honnêteté, il doubla le don primitif; puis, se tournant vers ses leudes : « Voyez combien est belle et vénérable la foi au Christ! Mes ducs et mes officiers s'emparent de terres considérables, et ce serviteur du Christ, à cause de la foi qu'il a dans le Seigneur, n'a pu supporter de me cacher une palme de terre! »

Il y eut une autre œuvre qui passionna le conseiller du roi : le rachat des esclaves. Dès sa jeunesse, il y consacra ses ressources disponibles, engageant ses vêtements d'apparat ou ses bijoux pour délivrer quelque Maure ou quelque Saxon. Puis il *organisa* ce secours. Voici comment il procédait : après avoir acheté l'homme, Éloi l'amenait au roi; l'esclave jetait un denier au roi; celui-ci donnait alors les lettres d'affranchissement. L'esclave était libre. Mais qu'allait-il faire de sa liberté? Éloi l'abandonnerait-il? Ah! non. « Veux-tu retourner dans ta patrie? demandait le ministre; je te donnerai des facilités pour cela. Préfères-tu demeurer en Gaule? Veux-tu rester près de moi? Gagner ta vie comme orfèvre ou comme employé au trésor? Ne te sens-tu pas attiré vers ce Dieu qui t'a délivré? Veux-tu entrer à son service? » Les esclaves délivrés étaient parfois bien loin de leur pays, ils n'y avaient plus personne. Peut-être erraient-ils depuis tant d'années qu'ils ne connaissaient plus leur chez eux. Beaucoup préféraient rester, un grand nombre entrait à Solignac; et, du jour où ils étaient moines, ces affranchis étaient honorés par Éloi comme des supérieurs.

Tant de travaux menés de front ne suffisaient pas encore à l'activité de notre saint. Nous le voyons reprendre son idée de maisons de refuge pour les pèlerins qui sillonnaient la Gaule, allant à Tours, à Brioude, à Paris honorer les reliques de nos saints, ou qui passaient les monts pour aller à Rome.

Enfin, avant de terminer la vie *laïque* de saint Éloi, je dois vous dire que, de même qu'il fut le promoteur du rachat des esclaves, il fut l'ancêtre de ces confréries qui s'organisèrent plus tard pour donner une sépulture convenable aux condamnés à mort, dont les corps restaient trop souvent exposés aux oiseaux du ciel et aux bêtes faméliques. Un jour qu'il accompagnait le roi jusqu'à Strasbourg, ses compagnons virent, balancé par le vent, le corps d'un homme fraîchement pendu. Ils s'avancèrent, coupèrent la corde et étendirent le pendu par terre pour lui donner la sépulture, suivant l'autorisation qu'ils en avaient. Éloi s'était arrêté comme eux; comme eux, il se pencha sur le corps encore chaud. Pris d'un soupçon, il le tâta de la tête aux pieds, et se relevant bouleversé : « Quel crime nous allions commettre! Nous nous disposions à enterrer un corps auquel l'âme est encore unie. » Certes on dut crier au miracle, à la résurrection, dans l'entourage du saint; mais celui-ci savait très bien qu'il n'y avait là rien que de très naturel. Il ordonna qu'on vêtît le soi-disant ressuscité; quand il fut

ranimé, le condamné se leva et marcha. Le bruit d'un événement si extraordinaire s'étant répandu immédiatement
dans la ville, les bourreaux accoururent pour reprendre le
dépendu, et peu s'en fallut qu'ils en vinssent à leurs fins.
Mais Éloi, ferme et tenace, prit le condamné sous sa protection, et voyant qu'il ne pouvait le laisser dans le pays, lui
fit faire des lettres de sûreté par le roi, pour qu'il pût gagner
une autre région.

V

Dagobert était mort depuis deux ans quand les habitants
de Noyon eurent à donner un successeur à leur évêque,
saint Achaire. Nous avons déjà vu cette petite ville comme
centre important des temps mérovingiens, à l'époque où
sainte Radegonde vint s'y réfugier près de saint Médard. Les
rois y possédaient un palais, et y venaient souvent. C'est ce
qui explique que les Noyonnais connussent si bien saint Éloi.
Cette ville prenait encore de l'importance de ce fait qu'elle
était le siège de trois évêchés : Noyon, Augusta des Vero-
mandues qu'on appelait alors Vermand, et qui est aujourd'hui
Saint-Quentin, enfin Tournai, l'ancienne capitale de Chilpéric,
aux confins des pays encore sauvages et païens de la Flandre
et de la Frise.

Les habitants de Noyon, reconnaissant que nul en Gaule
n'était plus capable de les gouverner que le ministre Éloi,
l'élurent à l'unanimité, bien que laïc, et le fils de Dagobert,
Clovis II, ratifia ce choix sans hésiter, comme il ratifiait en
même temps l'élection de saint Ouen, également laïc, au
siège épiscopal de Rouen. Si pénible qu'il fût pour le roi de
se séparer ainsi de deux fidèles conseillers, il s'inclina devant
le choix des églises.

Les deux nouveaux évêques, avant d'être sacrés, durent se
préparer par des études sérieuses à recevoir la prêtrise.

Certes, leur instruction sacrée était déjà fort étendue : rappelez-vous comme travaillait Éloi, tout jeune encore ; rappelez-vous aussi ce véritable cercle d'études au palais de Clotaire II, dont Sulpice, Éloi et Ouen étaient comme les chefs. Un an leur suffit donc pour recevoir les ordres ; cette année d'étude, ils la passèrent probablement à Mâcon dont l'évêque était leur ami.

Ils furent sacrés ensemble à Rouen, le 13 mai 641. La consécration d'un évêque revêtait déjà à cette époque une grandeur et une solennité majestueuses. Le peuple prenait part à la cérémonie comme il avait pris part à l'élection. Pendant les trois jours précédents, il jeûna et pria avec les deux postulants. A l'aube du 13 mai, dans la cathédrale resplendissante, se presse la foule. L'évêque consécrateur monte à l'ambon, rappelle solennellement l'élection d'Éloi et d'Ouen, et termine par ces mots : « Donc, frères biens-aimés, celui qui est ainsi élu, proclamez-le tous d'une voix en disant : Éloi est digne, Ouen est digne. »

Une acclamation unanime remplit l'immense vaisseau : « Éloi et digne ! Ouen est digne ! » crie la foule. Puis les prières spéciales de ce jour reprennent. Les préliminaires du sacre sont terminés, le moment solennel est arrivé. Éloi et Ouen se lèvent. Ils s'avancent et s'agenouillent ; deux évêques tiennent au-dessus d'eux un Évangeliaire avec un voile rouge sang ; les autres imposent la main sur leurs fronts, cependant que le prélat consécrateur, dans toute la majesté de ses fonctions redoutables, les mains étendues pour prier, implore la bénédiction du Très-Haut et psalmodie la prière où sont spécifiés les devoirs et les droits de l'évêque catholique.

Les rites actuels ont la splendeur et l'envergure qu'ils avaient déjà au temps de saint Éloi, mais alors il s'y joignait peut-être comme une note intime, familiale ; le peuple était acteur et non simple spectateur comme aujourd'hui, et le latin d'église, beaucoup plus près de la langue romano-franque que du français moderne, devait, dans l'ensemble, être compris de tous.

Éloi et Ouen ont reçu les onctions saintes; on leur remet la crosse et l'anneau, on les coiffe de la mitre; puis, montés sur une sorte de *sedia gestatoria,* ils sont enlevés sur les épaules des évêques, suivant le rite gallican, et exaltés triomphalement tout autour de la basilique au chant des hymnes d'allégresse. Le sacre est fini; tous ensemble, les évêques prennent leur repas. Maintenant le moment du labeur est venu. Éloi sait que le sien sera rude; aussi y met-il toute son âme!

Le voici à Noyon, Noyon serrée dans ses murailles galloromaines, le *castrum,* qui formait le réduit suprême de la ville comme plus tard le donjon formera le réduit du château; en dehors du castrum, la villa royale, la cathédrale, le château du comte gouverneur de la ville. Mais le comte ne se dissimule pas qu'aux yeux du peuple l'évêque, surtout quand c'est un Éloi, compte bien plus que lui. Nous avons déjà vu autrefois avec saint Loup, saint Aignan, saint Germain, saint Hilaire, saint Martin, plus récemment avec saint Rémi, au début de ce récit avec saint Ferréol, le rôle immense de l'évêque dans la cité, comme avocat, comme représentant, comme défenseur moral et matériel du peuple. Ce rôle fait partie des fonctions d'Éloi; mais lui du moins n'aura pas à le jouer dans des circonstances tragiques comme plus tard saint Léger. L'évêque a aussi le service de l'assistance publique : pauvres, infirmes, malheureux, encombrent les abords de la maison épiscopale; mais la charité, pour être fructueuse, doit être organisée : il fonctionne dans toutes les villes épiscopales de véritables bureaux de bienfaisance; certaines œuvres du VIIe siècle ont subsisté jusqu'à Louis XIV. En ces temps de force et de rudesse, l'évêque est le protecteur des veuves, le tuteur des orphelins. Les prisonniers sont atrocement malheureux; l'évêque délègue des clercs pour leur porter et la nourriture du corps et celle de l'âme, les visiter régulièrement. N'oubliez pas, en outre, qu'Éloi continua de s'occuper au rachat des esclaves.

Dans sa maison est installée l'école épiscopale, qui tient

à la fois de l'école primaire, de la maîtrise et du séminaire. Et en dehors de tant de travaux, de par la situation géographique de son diocèse, Éloi va devenir missionnaire.

Le domaine spirituel du nouvel évêque était fort étendu, puisqu'il comprenait une partie des départements actuels de l'Oise, de l'Aisne, du Pas-de-Calais, du Nord, et la Flandre belge, pour aller de ce côté se confondre, dans les bouches mouvantes de l'Escaut, avec le diocèse d'Utrecht. Non seulement le diocèse de Noyon-Tournai était immense, mais il était *divers;* il comprenait des villes importantes, catholiques depuis longtemps, comme Noyon, Tournai, Vermand; des campagnes relativement florissantes, où le catholicisme était fortement mélangé de superstitions et de pratiques païennes. Enfin, sur les côtes de la mer du Nord, dans les pays de dunes et de marécages, sur les bords de l'Escaut, tout était à faire; les populations étaient encore complètement barbares, et le culte des faux dieux y triomphait.

« Pourtant, direz-vous, nous avons vu des apôtres aux confins de la Gaule et de la Belgique, au temps des Romains. » Oui, saint Quentin, saint Piaton, saint Chrysolus, compagnons de saint Denis, avaient été martyrisés à Vermand et à Tournai vers 288. Mais cette première mission n'avait pas eu de suites. Comme le grain tombé dans le sable qui ne peut lever, le christianisme avait été facilement balayé des dunes de la Flandre. Et de même que pour fixer les dunes, on y plante des herbes aux longues racines entrecroisées, de même saint Éloi, pour fixer définitivement le catholicisme en ces régions mouvantes, entremêla sa prédication d'érections d'églises et de couvents, de recherches des reliques des premiers apôtres et de leur vénération.

Quelques disciples de saint Colomban, saint Amand, saint Achaire, avaient *forcé* la porte des Flandre; la brèche était faite, Éloi y passa. Il lutta contre la nature, contre les marais, contre les rivières au lit sans cesse déplacé; il lutta contre la brume et contre le vent gémissant des plaines du Nord; il lutta contre les hommes, il lutta contre les dieux. Sur quoi s'appuyer en ce pays mouvant? Où trouver un point de contact avec ces hommes hostiles? Francs et Frisons avaient le culte des morts; saint Éloi avait le culte des saints et des reliques. Ce furent les morts qui servirent de pont entre les païens et le Christ.

Déjà, en Gaule catholique, après de longues et pénibles recherches, Éloi avait mis au jour le corps de saint Quentin, le célèbre disciple de saint Denis, dont je vous ai, d'ailleurs, raconté l'histoire; il retrouva celui de saint Piaton, ceux des saints Chrysolè et Eubert, martyrisés près de Lille. L'artiste vivait toujours chez l'évêque missionnaire; il fit faire pour ces reliques de précieuses châsses d'argent et leur rendit un culte public qui eut un grand retentissement.

Assisté de saint Tillon, un esclave affranchi par lui, devenu orfèvre, puis moine, il parcourut inlassablement la région d'Anvers, de Gand, de Courtrai, descendit jusqu'à Boulogne. A sa voix, les populations d'entre Escaut et Somme abandonnèrent le culte des arbres et des eaux, et élevèrent de modestes oratoires.

Non loin de la mer, au milieu des dunes, s'abritait des vents un hameau composé de cabanes de pêcheurs. Un hasard? non, la Providence amena saint Éloi en ces lieux. Reçu avec méfiance, il sut néanmoins s'attacher ces quelques familles. Connaissez-vous ces masures basses tapies dans un creux, abritées des colères du Pas-de-Calais par de blanches dunes? ces mares d'eau stagnantes dans les fonds? ces garennes où les lapins creusent leurs terriers? et ce crissement perpétuel du sable que le vent chasse, qui recouvre tout et s'accroche au plus petit obstacle? Le connaissez-vous, ce paysage triste et grandiose? Faites entrer saint Éloi dans quelque cabane exhalant un relent de poisson, de sel, de goudron; le vent hurle au dehors et rabat la fumée sur un groupe d'hommes et de femmes grands et blonds, aux traits durs, aux visages hâlés; des enfants, assis par terre, écoutent, et saint Éloi parle.

A ces rudes pêcheurs qui tirent leurs bateaux sur le sable et font sécher leurs filets sur les dunes, il raconte les pêches miraculeuses de Pierre et d'André; à ces hommes sans cesse

Le formidable fauve, dompté par le saint, se soumit à ce qu'il lui ordonna.

menacés par la mer, entourés de marais, noyés dans la brume, il enseigne l'Esprit de Dieu porté sur les eaux, il parle de l'apôtre marchant sur les eaux pour rejoindre son divin Maître. Quand il partit s'élevait en ce lieu une très modeste chapelle en l'honneur de saint Pierre, le pêcheur d'hommes, et le hameau, dont nous ignorons le nom, s'appela l'Église-des-Dunes (Duyn-Kirche). Aujourd'hui, la puissante ville de Dunkerque conserve sa vénération pour saint Éloi, son premier apôtre.

VI

Apôtre des Gentils, l'évêque fut aussi apôtre des catholiques. Ah! que les dieux germains et romains se défendaient longtemps contre le Christ! Comme ils savaient dominer encore le peuple des campagnes, se mêler à sa vie aussi intimement que les saints! Éloi ne se lasse pas de mettre ses ouailles en garde contre les antiques superstitions : « Qu'aucun chrétien ne prête attention au jour où il quitte sa maison; tous les jours sont l'œuvre de Dieu. Que personne ne se permette d'enchanter des herbes, ne pousse des cris quand la lune s'obscurcit, » etc.

Mais parfois notre pauvre saint n'était guère écouté. On le traitait de *Romain,* suprême injure aux yeux de ces paysans germains; parfois il fut mis en danger de mort par des paroissiens rebelles aux environs même de Noyon. Mais rien ne l'empêchait de poursuivre sa mission.

Remarquez bien, que le merveilleux et la légende ne tiennent que fort peu de place dans la vie de saint Éloi : c'est que son histoire fut écrite, peu après sa mort, par un de ses principaux témoins, saint Ouen. Aussi, ayant rencontré une légende le concernant, je viens vous la raconter :

Saint Éloi, malgré l'activité de sa nature, se sentait parfois bien las moralement de tant de travaux menés de front, et aimait se reposer en quelque solitude. Ne pouvant plus aller à Solignac, il se retirait dans une forêt des bords de l'Oise, et résolut d'y construire un petit oratoire. Il était aidé par un jeune garçon dont le bœuf charriait les pierres. Un jour, tout était calme dans la forêt paisible du pays de France. Tout d'un coup, un bruit de branches cassées, un pas pesant, se firent entendre. Le jeune bouvier vit un ours énorme s'avancer vers lui et, affolé, prit sa course ; le bœuf, très chargé, ne put s'enfuir ni même se défendre efficacement. L'ours, se dressant sur ses pattes de derrière, réussit à l'étrangler et commença à le dévorer. Éloi n'était pas loin ; certes, il fut attristé de la perte de son bœuf, mais combien plus de l'interruption de travail, car le lieu était fort retiré, et il fallait aller loin pour se procurer une autre bête de somme. L'homme de Dieu marcha sans crainte vers l'ours, et comme autrefois saint Martin, lui commanda de remplacer près de lui le bœuf tué. Le formidable fauve, dompté par le saint, se soumit à ce qu'il lui ordonna ; et non seulement il charria les pierres jusqu'à ce que fût achevé l'oratoire, mais il le fit sans jamais témoigner aucune hostilité à quelque homme que ce fût. En souvenir de cette étrange aventure, la chapelle reçut le nom d'Ourscamp. Plus tard s'y éleva un couvent de l'ordre de Cîteaux.

Pour asseoir plus solidement l'autorité du Christ dans ces pays où la foi était encore bien vacillante, Éloi établit plusieurs monastères dont les plus importants furent Saint-Martin de Tournai et Saint-Loup de Noyon. On racontait que le grand saint Martin, dont le génie domine tout le haut moyen âge, était venu porter l'Évangile jusqu'en ces régions à peu près soumises à l'empire romain. « Arrivé sur une montagne fort élevée qui dominait Tournai (j'avoue que cette montagne fort élevée près de Tournai me surprend un peu), il s'arrêta et ressuscita un mort. » Saint Eloi, je vous l'ai déjà dit, avait un culte tout spécial pour saint Martin ; il obtint une relique. Pour la conserver là où l'évêque de Tours avait fait un miracle, il construisit un monastère, et lui donna, comme à Solignac, la règle de Colomban adoucie par celle de Benoît.

Un diocèse si étendu, si difficile à gouverner, n'absorbait pas encore toutes les facultés de ce prodigieux évêque ; son activité débordait en maints endroits de la Gaule. Vous savez, je vous l'ai déjà dit, que les évêques des premiers siècles n'hésitaient pas, quand ils le jugeaient nécessaire au bien de l'Église, à s'occuper des affaires spirituelles d'autres diocèses. Saint Éloi, Dieu merci, n'eut pas à le faire dans des circonstances tragiques ou périlleuses, comme saint Hilaire, saint Martin ou saint Germain. Mais son autorité était immense, et l'on peut dire que rien en Gaule ne se faisait sans lui. C'est ainsi que nous le trouvons au concile de Chalon-sur-Saône, fort occupé de la question anti-esclavagiste, qui lui tenait tant au cœur. C'est ainsi qu'il se fit une spécialité, si j'ose employer ce mot d'une acception toute moderne, de la recherche et du culte des reliques des premiers apôtres du nord de la Gaule. Nous l'avons vu ramener au jour et exposer à la vénération des fidèles les restes de saint Quentin, de saint Piaton, de saint Chrysole, de saint Eubert. Franchissant les limites de son diocèse, Éloi va chez l'évêque voisin, à Soissons : là nous retrouvons l'orfèvre qui cisèle une châsse aux saints Crépin et Crépinien restés si populaires ; il passe à Beauvais, où fut martyrisé saint Lucien, retrouve son corps et l'exalte aux yeux des fidèles. Par lui toute cette partie de la Gaule évangélisée par les compagnons de saint Denis, premier évêque de Paris, se souvient de son origine, prie avec ferveur ceux à qui elle doit de croire.

Je ne m'arrêterai pas à d'autres voyages de saint Éloi en Provence, en Limousin, dans le Berry. Retournons à Paris et à Noyon.

VII

Clovis II, épuisé par la débauche, est mort à vingt-trois ans ! Ce prince, en qui se retrouvent trop les vices des Mérovingiens, eut cependant un jour de sagesse. Il rencontra chez Erchinoald, maire du palais, une jeune esclave anglo-saxonne d'une grande beauté : Bathilde, de famille royale, avait été enlevée par des pirates et vendue sur un marché d'esclaves en Gaule. Elle tomba entre les mains du maire du palais, qui la traita avec bienveillance. La beauté de la jeune Anglaise la désignait aux regards et Clovis l'acheta, puis l'épousa, assurant ainsi, sans s'en douter, quelques années de paix et de prospérité à son royaume. Bathilde, restée veuve très jeune, fut tutrice de ses trois fils et régente de Gaule. Intelligente et pieuse, elle donna à son gouvernement une tournure franchement ecclésiastique. Saint Ouen, saint Éloi, Chrodobert, évêque de Paris, puis saint Léger, furent ses conseillers. Éloi ne remplit ce rôle que pendant les deux dernières années de sa vie. Évêque, il fut protecteur de la sainte veuve et des trois petits orphelins contre l'autorité envahissante des maires du palais ; il rencontra près de l'esclave devenue reine un puissant appui pour le rachat des esclaves.

Mais Bathilde était toute jeune, ses fils, en bas âge, et Éloi avait près de soixante-dix ans. Il sentait les années peser lourdement sur lui ; certains signes, qui échappaient à son entourage, ne lui laissaient aucun doute sur sa fin prochaine. Et voici comment il l'annonça à ses amis :

Circulant un jour avec quelques disciples dans la ville de Noyon, il vit à la façade de la cathédrale une grande lézarde, et il ordonna que l'on fît immédiatement réparer le mur. Or c'était en automne, saison généralement humide et froide dans cette partie de la Gaule. Aussi les disciples, surpris, objectèrent-ils qu'il vaudrait peut-être mieux attendre le retour de la belle saison. Mais Éloi secoua la tête :

« Laissez faire ce travail, mes enfants ; car si l'on ne s'en occupe pas maintenant, la réparation ne sera pas faite de mon vivant. »

Et comme les disciples se récriaient :

« Que ce ne soit pas votre volonté, mais celle de Dieu, qui s'accomplisse en moi, continua-t-il ; sans aucun doute, mon temps est fini... Ne vous effrayez pas de cela, mes enfants, mais au contraire félicitez-moi. Depuis longtemps je désirais ce moment, terme d'une longue vie passée dans l'amertume. »

Ces derniers mots vous surprennent, n'est-ce pas ? Éloi a eu la santé, la fortune, la faveur de trois rois et d'une régente, l'indéfectible amitié de plusieurs saints ; artisan, ministre, évêque, il vainc partout. Que pouvait-il donc lui manquer ?

Hélas ! de par sa supériorité même, de par sa sainteté, Éloi ne devinait que trop les malheurs qui allaient fondre sur son pays, sur ces rois mérovingiens si fidèlement servis par des saints et que leurs vices incorrigibles usaient avec une rapidité effrayante : une régente de trente ans, un roi de dix, entourés d'envieux et d'ennemis ambitieux ; des maires du palais dont le pouvoir grandissant allait bientôt écraser la royauté, puis la supplanter ; le désordre intérieur contenu quelques années encore par la sainteté d'une femme... Éloi était trop intelligent, trop averti, pour ne pas voir là les signes d'une catastrophe, et s'il ne pouvait encore deviner l'invasion des Arabes, il pouvait encore moins prévoir le Pépin et le Charlemagne qui conduiraient la Gaule au faîte de la puissance !

Éloi, miné par une fièvre lente, mourut paisiblement à Noyon le 1er décembre 659. La jeune reine Bathilde sentit immédiatement la perte immense qu'elle faisait ; accompagnée des petits rois, elle accourut près du cercueil de son conseiller, pleurant et se lamentant de n'avoir pu recueillir son dernier soupir.

La régente fit tout ce qui était en son pouvoir pour inhumer saint Éloi dans le monastère de Chelles, qu'elle affectionnait particulièrement. Mais les habitants de Noyon protestèrent si énergiquement que Bathilde, impressionnée, s'en remit au jugement de Dieu. Le cercueil était déposé dans la cathédrale; déjà, sur l'ordre de Bathilde, on avait essayé de l'emmener à Chelles, mais les hommes les plus vigoureux ne purent même le soulever. Après que Bathilde eut fait jeûner et prier pendant trois jours, des fidèles de la reine renouvelèrent vainement leur première tentative; la jeune femme, désolée, pensant peut-être à de la mauvaise volonté de la part des hommes, essaya personnellement de lever au moins un coin du cercueil : peine perdue.

Alors, se raidissant contre sa déception, s'inclinant devant ce jugement de Dieu qu'elle avait elle-même réclamé, la reine des Francs se tourna vers sa suite :

« Maintenant, nous savons évidemment que la volonté du saint n'est pas que nous le transportions ailleurs. Laissons donc, même malgré nous, à ce peuple, ce que, jusqu'ici, nous avons refusé de lui accorder. »

Éloi, au milieu de l'immense concours du peuple qui pleurait et gémissait, fut inhumé dans cette abbaye de Saint-Loup qu'il avait fondée. Bathilde suivit le convoi à pied, en dépit des marécages et des fondrières qu'il fallait traverser.

Avant de quitter l'apôtre si populaire du nord de la France, l'adversaire des faux dieux toujours debout, laissez-moi vous conter une curieuse coutume de quelques villages de l'ancien diocèse de Noyon.

Les paysans, dont notre saint s'était tant occupé, avaient gardé une telle vénération pour lui que, non seulement ils venaient demander sur son tombeau la guérison de leurs maux, mais lui amenaient aussi leurs animaux, spécialement leurs chevaux.

Le 25 juin, le prêtre bénit des pains que l'on distribue ensuite aux chevaux. Au village d'Effry a lieu encore maintenant la procession des chevaux. Ils sont des centaines, ce jour-là, qui arrivent, fleuris et enguirlandés. Tout le clergé est à cheval, y compris le prêtre porteur des reliques de saint Éloi. Arrivée au reposoir, la procession fait halte; les cavaliers forment le cercle autour du prédicateur. Celui-ci, à cheval, parle de saint Éloi, oui, mais surtout, il parle du cheval : le cheval dans l'Écriture sainte, le cheval dans l'histoire de l'Église... Puis on célèbre la messe, mais les chevaux n'y assistent pas.

Quelle évocation pittoresque! La campagne humide au début de l'été; ces cavaliers en vêtements de fête, sur de grands chevaux normands ou boulonnais effarés par ce bruit, ce mouvement, secouant et la crinière et la queue, surpris par ces fleurs, ces couronnes, qui les couvrent et les inquiètent; les prêtres revêtus de leurs ornements, en tête de l'étrange procession, envoyant dans les prés et les bosquets l'écho des hymnes à saint Éloi.

Grand saint Éloi, patron des orfèvres, des forgerons, des métallurgistes, vous dont l'image est à la place d'honneur chez nos rudes ouvriers du Nord, conseiller de Clotaire, ministre de Dagobert, évêque de Noyon, apôtre des Flandres, saint Éloi, je vous en supplie, ne laissez pas saint Christophe, patron des automobilistes, supplanter par quelque course moderne l'antique fête des chevaux de France! Conservez aux douces campagnes de Thiérache leurs naïves et pittoresques coutumes!

SAINT LÉGER (616-678)

« L'ennemi a persécuté mon âme; il a
humilié ma vie sur terre. Il m'a jeté
dans les ténèbres comme les morts des
siècles passés. »

I

Nous voici en face d'une des figures les plus tragiques de
ce siècle tragique, d'une des existences les plus mouvementées de ce siècle mouvementé, d'un de ces hommes dont la
grandeur et la sainteté font mieux ressortir la petitesse et
l'iniquité de la masse.

Léger (Leudegar) était fils d'un grand seigneur austrasien.
Sa mère, Sigrade, était de noble et puissante famille; ses
biens étaient immenses; son frère Didon fut évêque de Poitiers; sa sœur Béreswinthe épousa Adalric, duc d'Alsace, et
fut mère de sainte Odile. Sigrade enseigna au jeune leude
la droiture du cœur et de l'esprit, la justice, la crainte et
l'amour de Dieu. Puis l'enfant, suivant l'usage franc, fut
amené à la cour de Clotaire II et devint *nourri* du roi.
Comme elle devait trembler, la pieuse Sigrade, en voyant
ses deux fils, Guérin et Léger, entrer si jeunes dans ce
milieu pervers, corrompu, perdu de vices, assoiffé d'honneurs. Ne tremblez pas ainsi, noble dame, au-dessus de
cette fange s'élèvent un saint Éloi, un saint Ouen, un saint
Sulpice, dont les prières et les œuvres garantissent ceux de
bonne volonté.

Le jeune Léger, d'ailleurs, ne resta pas longtemps à la cour. Clotaire II le confia bientôt à son oncle Didon, évêque de Poitiers, et il fit bien. L'enfant acheva donc sa formation intellectuelle et morale dans la ville de saint Hilaire et de sainte Radegonde. Le long séjour de saint Fortunat à Poitiers avait donné aux écoles une forte impulsion pour les études classiques et les études sacrées. Didon, reconnaissant chez son neveu la vocation ecclésiastique, lui fit compléter ses études, et l'ordonna diacre à vingt ans.

Nous avons vu dans la vie de saint Éloi les multiples offices de l'archidiacre, le second de l'évêque partout. Didon, voyant en Léger le futur évêque de Poitiers, l'employa à tout, afin qu'il connût à fond le diocèse : celui qui devait finir ses jours en captivité visitait assidûment les prisonniers ; celui qui devait gouverner les peuples dans des circonstances si difficiles fut mis à la tête de l'école presbytérale, qui était comme le séminaire de Poitiers. Mais Léger ne devait pas succéder à Didon.

En 653, le couvent de Saint-Maixent, le plus important du diocèse, l'élut comme abbé. On ne sait si l'archidiacre était déjà moine. En tout cas Didon n'hésita pas à se séparer de son précieux second et le donna à Saint-Maixent.

Pendant six ans Léger fut abbé ; il dirigea son monastère avec fermeté, instruisit ses moines, s'occupa de transcription de manuscrits ; dans un temps de relâchement, il sut à la fois maintenir la discipline bénédictine et se faire aimer.

L'année 659 amène un changement immense et dans sa vie, et dans celle de toute la Gaule.

Le jeune roi Clovis II, fils de Dagobert, avait, quelques années auparavant, rencontré chez le maire du palais Erchinoald une jeune esclave dont la beauté le séduisit et dont l'histoire était un douloureux roman. Fille d'un roi saxon d'Angleterre, elle avait été enlevée tout enfant par des pirates audacieux qui vinrent vendre en Gaule ce qu'ils avaient pillé en Bretagne. La noble princesse connut la honte de l'exposition sur un marché public. Vendue au plus offrant, comme un bibelot, elle fut achetée par le maire du palais qui eut fantaisie d'orner sa maison de cette esclave blonde à la peau si blanche, au maintien si fier. Esclave, Bathilde gardait les allures d'une princesse ; elle servait à la table de son maître et sa distinction était telle que celui-ci résolut de l'épouser. La sainte, qui aspirait à la vie religieuse, put écarter le maire du palais, mais elle dut s'incliner devant le désir du jeune roi. Dix ans après, elle était veuve et régente. Nous avons vu qu'elle s'entoura de sages conseillers : saint Ouen archevêque de Rouen, saint Éloi évêque de Noyon. Mais celui-ci devait bientôt manquer à la jeune femme désolée. Elle appela alors l'abbé de Saint-Maixent.

Voici donc Léger, après des années de retraite, eutré dans la vie politique ; il avait quarante-cinq ans, était dans toute la force de l'âge, du jugement, de la volonté. Pendant quinze ans, il va remplir la Gaule de sa puissante personnalité, monter au faîte d'une gloire qu'il dédaigne, puis gravir le calvaire douloureux au sommet duquel il trouvera la couronne du martyre.

Bathilde, énergique et pieuse, poursuivit sans se lasser un triple but : dégager le roi de l'influence envahissante du maire du palais, et lui redonner son ancienne autorité ; affranchir les esclaves ou les protéger, accroître la prospérité de l'Église. Elle remit en vigueur une charte donnée en 614, peu à peu tombée en désuétude, et qui répondait de nouveau aux besoins des trois royaumes (Neustrie, Austrasie, Bourgogne) unis un moment sous un même sceptre. Désormais, les comtes chargés du gouvernement des villes et de la levée des impôts furent choisis dans la province même qu'ils administraient ; leurs biens territoriaux répondaient de leur gestion ; de plus, ces biens n'étaient pas héréditaires, les fils devaient en obtenir confirmation du roi. L'application stricte de cette sage mesure gêna nombre de comtes dont les exactions ne se comptaient plus et qui formèrent le noyau des mécontents qui devaient un peu plus tard briser saint Léger et sainte Bathilde. La régente allégea les charges écrasantes du peuple qui parfois « préférait la mort de ses enfants à la joie de les nourrir, parce qu'il voyait les exactions fiscales croître avec leur nombre et les charges publiques s'aggraver suivant des lois anciennes, et tous ses biens dissipés ».

Ces lignes, écrites au VIIe siècle, ne sont-elles pas l'expression d'une vérité actuelle?

Bathilde reine se souvenait toujours de son ancienne condition d'esclave; unie à saint Éloi, unie à l'Église, elle fit beaucoup pour ces malheureux. L'abolition de l'esclavage, nul n'y songeait; mais du moins fut-il interdit d'emmener captifs des chrétiens, et de vendre des esclaves chrétiens hors de Gaule. La noble reine voulait déjà que la terre des Francs fût terre franche!

Enfin Bathilde contribua à accroître la puissance de l'Église : elle fonda Corbie, mais surtout elle aima le monastère de Chelles qui datait de sainte Clotilde, et où elle aspirait à se retirer. De nombreuses églises profitèrent de ses largesses; de nombreux diocèses durent à son influence la nomination de saints évêques.

Ne vous étonnez pas de cette longue digression sur sainte Bathilde; cette noble figure vaut bien qu'on s'y arrête un instant; et en vous montrant l'œuvre politique de Bathilde, je vous montre celle de Léger, son conseiller.

Quatre années passent ainsi. Léger est tout-puissant en Gaule; cette âme d'acier a appris, au contact des hommes de cour, à se plier aux circonstances sans rien perdre de sa personnalité, de sa passion de la justice et du bien. Maintenant la scène change, et les acteurs du drame. Léger va quitter la cour; le rôle d'Ebroïn, son mortel ennemi, commence.

II

Depuis deux années le diocèse d'Autun était sans évêque ; deux hommes indignes aspiraient à ce poste éminent. L'émeute éclata et l'un des compétiteurs fut tué, tandis que l'autre dut s'enfuir. La ville, toujours sans évêque, était dans un état lamentable d'anarchie et la voix populaire ne désignait personne pour remplir la place vacante. Alors Bathilde, résolue et confiante, se leva. Depuis Clovis, l'évêque élu devait être approuvé par le roi : Bathilde, en ce pressant danger, passa par-dessus le peuple et nomma directement Léger évêque d'Autun.

Le nom d'Autun est venu fréquemment sous ma plume depuis que je vous conte l'histoire des saints de France. Léger, prenant possession de son siège épiscopal, n'allait pas se trouver le chef de la splendide cité « émule et sœur de Rome ». Pauvre Autun ! Où sont tes temples fastueux de Diane et d'Apollon ? Où sont tes célèbres écoles méniennes ? Où est ta ceinture de murs flanquée de tours ? Où est ton théâtre, ta campagne riante et fertile ? Ruinés, tes aqueducs et tes portes monumentales ! Ce polyandre fameux, ce cimetière, ville des morts, flanquant la ville des vivants, ces rues animées, ces fêtes, ces processions, ces rhéteurs, ces poètes, que sont-ils devenus ?

Les Bagaudes, par deux fois, ont pris Autun au IIIe siècle ; saignée à blanc, elle languit, c'est une convalescente que le moindre souffle renverse, et voici la tempête ! Attila, le fléau de Dieu, pille, tue, ravage. Voici les Burgondes... Ah ! pauvre Autun, que reste-t-il de toi ? Mais Autun est siège d'un évêché depuis le IIIe siècle : sur les temples en ruines s'élève une cathédrale ; dans le polyandre ravagé, les pèlerins usent de leurs genoux les tombes des saints ; les remparts éventrés, la ville s'est tassée autour de la cathédrale et

du palais épiscopal, dans le castrum (château), au sommet
de la ville; Brunehaut, dans la plaine, a fondé le monastère
de Saint-Jean-le-Grand pour les femmes, celui de Saint-Martin pour les hommes; la tragique reine d'Austrasie y repose
dans un sarcophage de pierre, sous un couvercle de marbre
noir. Près de la porte de l'ouest vit peut-être encore l'hospice des voyageurs, son œuvre de jadis... Mais la région
« inculte, inhabitée, pleine de silence et de ténèbres, aux
soudains précipices et pentes abruptes » ne dit que trop par
quelles affres a passé l'antique cité « toujours mourante et
néanmoins vivant toujours! »

Un évêque fort et vigoureux, aux traits calmes, au maintien majestueux, débouche à cheval de la voie d'Agrippa,
suivi d'un nombreux cortège. Devant lui, un temple ruiné
dans un champ de genêts, une rivière aux détours capri-
cieux, et une immense ville aux murailles détruites, dont la
vie s'est réfugiée dans la cathédrale, dans le castrum, qui en
sont le cerveau. Regardez bien, ô saint Léger, votre ville
épiscopale; vous l'aimerez, vous la châtierez, vous la sau-
verez, et elle gardera de vous un indéfectible souvenir.
N'arrêtez point vos regards sur ces majestueuses portes
antiques : elles ouvrent sur un désert; mais voyez dans la
haute ville cet étroit passage, cette porte de Breuil que vous
franchirez un jour pour courir au martyre; et sur cette
colline qui domine Autun, cherchez la place d'où votre main
se lèvera pour une ultime bénédiction, où les bourreaux
fermeront pour jamais vos yeux à la lumière!

Saint Léger est à Autun, et, non sans frémissement, tout
rentre dans l'ordre; les fauteurs d'émeutes, les semeurs de
discordes, souhaitent de se faire oublier; les autres renaissent
à l'espoir, et s'attachent à leur évêque comme le lierre au
chêne.

Je ne vous parlerai pas des œuvres multiples qui sollici-
taient l'activité de Léger, je vous ai expliqué le labeur écrasant d'un évêque aux temps mérovingiens; songez seulement
que, moralement et matériellement, Autun était dans un état
de délabrement que ne connaissait pas Noyon. Pour ramener

Un évêque fort et vigoureux, aux traits calmes, au maintien majestueux.

la paix, l'évêque usa d'abord de clémence et de charité ; ceux qui restèrent rebelles à la douceur eurent le choix entre l'exil et l'acceptation des réformes. Rapidement, tout se calma.

Alors Léger commença de réparer la ville. Il ne songeait nullement à une restauration de la Rome gauloise ; en ces temps troublés qu'allaient suivre des temps plus troublés encore, ce qui importait, c'étaient les travaux de défense contre les hommes, les travaux des églises pour Dieu. L'ancienne enceinte romaine était à la fois trop étendue et trop ruinée pour que Léger pût espérer la remettre en état. Il fortifia le castrum, la ville haute qui serrait ses rues étroites autour de la cathédrale Saint-Nazaire et du palais épiscopal. Arc-boutée à la montagne de Couhard, dominant la plaine du nord, Autun pouvait surveiller et secourir la ville basse, l'ancien forum et le monastère.

Mais Léger songeait à la gloire de Dieu comme à la sécurité des hommes. Sa cathédrale, Saint-Nazaire, bien délabrée, eut tous ses soins. J'ignore ce que pouvait être l'architecture d'une église mérovingienne, mais la décoration intérieure en était généralement très riche, comme celle des églises byzantines ; cet or pour lequel rois et leudes perdaient leur âme, ils le prodiguaient dans les sanctuaires. Une mosaïque à fond d'or décora tout le plafond de Saint-Nazaire, des lambris dorés ornèrent les murs ; un voile tissé d'or brilla derrière le maître-autel. La sacristie, le baptistère, furent reconstruits. Autun eut une cathédrale digne de son grand passé.

Si je ne puis vous parler en détail de l'œuvre de saint Léger, de sa prédication, de ses réformes, je ne puis pourtant passer sous silence son testament en faveur des pauvres.

Léger était un grand seigneur immensément riche ; il dépensa sans compter pour sa ville épiscopale ; il donna largement aux pauvres, mais il ne voulut pas que sa bienfaisance pérît avec lui. Avait-il le pressentiment de sa fin tragique ? Ou celui des guerres, des détresses de toutes sortes qui allaient s'abattre sur notre malheureux pays ?

Lors d'un important concile tenu à Autun en 670, Léger soumit son testament à l'approbation des Pères. Il léguait à sa cathédrale ses terres de Bourgogne, villas, vignes, champs, puits, étangs, cours d'eau, bois, pâquis, « pour recevoir et nourrir chaque jour et en tout temps quarante frères qui prieront Dieu pour le royaume, le salut du roi et des grands. »

Autun, en 670, n'avait pas encore vu le fond de sa détresse. Elle subit, jusqu'à un anéantissement presque complet, tous les malheurs, toutes les vicissitudes de la France. *L'Institution charitable de saint Léger d'Autun* vécut mille ans, jusqu'en 1688. A ce moment, confondue avec d'autres fondations, elle servit à l'érection de l'hôpital qui est toujours le même depuis Louis XIV. On peut donc dire qu'Autun jouit toujours des legs de saint Léger.

La ville est pacifiée ; Léger a déblayé le terrain où commencera sa passion. Les années de recueillement sont terminées ; il rentre dans la lice, appelé par des événements supérieurs à sa volonté.

Erchinoald, maire du palais, était mort en 660. Pour remplacer leur chef, le second du roi, les leudes élurent un Soissonnais assez obscur, Ebroïn. Intelligent, énergique, souple et violent tout à la fois, dépourvu de scrupules, Ebroïn est le type de l'arriviste. Cet homme qui devait faire périr de saints évêques, fut conduit dans la voie des honneurs par l'un d'eux, saint Ouen. Sainte Bathilde redoutait d'instinct Ebroïn, mais elle n'osa pas aller contre la volonté des leudes, et accueillit le nouveau maire du palais. D'abord, tout alla bien ; Ebroïn étudiait son entourage, tâtait le terrain, se faisait des partisans. Il exploita adroitement le mécontentement provoqué chez les comtes par l'application de la charte de 614 ; il la laissa enfreindre, nomma dans les provinces de ses créatures. L'évêque de Lyon se plaignit au nom du peuple ; Ebroïn parvint à l'inculper de lèse-majesté, le cita à son tribunal et le fit assassiner en route. L'évêque de Paris en remontra publiquement au maire du palais et à ses partisans ; ceux-ci se soulevèrent, accusèrent

Bathilde de se laisser mener par les évêques; celui de Paris fut assassiné comme celui de Lyon. Saint Léger à Autun, saint Genès à Lyon. Bathilde se trouvait isolée, privée de ses plus fidèles conseillers. Ebroïn s'empara de l'esprit du jeune Clotaire III âgé de quinze ans, le détacha de sa mère; de violentes discussions s'élevaient entre la régente et le roi qui prétendait régner. La situation devint intolérable pour sainte Bathilde et « elle obtint la permission de quitter la cour » (autrement dit elle fut chassée) et de se retirer dans ce monastère de Chelles qu'elle aimait tant. De ce jour, Ebroïn est le maître : maître de l'esprit débile de Clotaire III, maître des leudes, maître de la Neustrie et de la Bourgogne. Il ne connaît plus de frein à ses convoitises : il dépouille les riches, exile ou abat quiconque lui résiste. Mais les Burgondes, plus énergiques peut-être que les Neustriens, relèvent la tête. Ebroïn, fou d'orgueil, interdit aux leudes burgondes l'entrée du palais royal. Cette suprême insulte est la goutte d'eau qui fait déborder le vase.

Léger proteste au nom des grands comme au nom de la justice. Il sait pourtant que tout l'expose à la haine d'Ebroïn : sa naissance, sa puissance, son honnêteté même. Peu importe, Léger fera son devoir d'évêque jusqu'au bout, sans défaillance. Désormais Ebroïn est aux aguets pour perdre cet homme.

III

Sur ces entrefaites, Clotaire III mourut tout jeune, sans fils. La succession n'était pas forcément héréditaire; les grands et les évêques nommaient un roi de la famille de Mérovée et l'élevaient sur le pavois. A la nouvelle de la mort de Clotaire, les leudes partirent pour Paris afin d'élire un de ses frères. En route, ils reçurent contre-ordre. Ebroïn leur fit le double affront de choisir un roi sans eux et de les renvoyer sans les avoir entendus. Cette injure fut vivement ressentie, et le roi ainsi nommé, Thierry, ne fut pas agréé par les leudes repoussés qui se réunirent et offrirent la couronne à Childéric. Celui-ci arrive en Neustrie avec son maire du palais et demande à voir son frère Thierry ; les grands, encore sous le coup de la colère, s'emparent du jeune homme, le rasent et l'amènent ainsi humilié. Le Mérovingien déchu sut garder une contenance digne, et fut enfermé à Saint-Denis. Ebroïn, voyant ses adversaires vainqueurs, se réfugia dans une église, suppliant qu'on lui laissât la vie. Saint Léger obtint qu'il fût simplement exilé à l'abbaye de Luxeuil. Cette modération de son ennemi ne devait pas, plus tard, désarmer Ebroïn.

L'évêque d'Autun avait joué un rôle important dans cette espèce de révolution ; son rôle de conseiller de Bathilde était encore présent à tous les esprits. Childéric, tout naturellement, le retint près de lui en même qualité. Pendant deux ans, Léger reste à la cour ; il reprend près de Childéric l'honnête politique de Bathilde. Pendant deux ans, tout rentre dans l'ordre.

Puis les mauvais jours revinrent. Des jaloux excitèrent en dessous le maire du palais et Childéric contre Léger et son frère, le pieux comte Guérin. Le jeune roi, n'écoutant que son désir, épousa sa cousine, quoiqu'elle fût sa très proche parente. Léger ne pouvait laisser ainsi violer les lois de l'Église ; il reprit Childéric, ne réussit qu'à s'attirer l'inimitié de la jeune reine, et vit son crédit diminuer, et grandir celui de ses ennemis. Le dissentiment s'accentua au point que le conseiller dit sévèrement au roi : « L'Église ne peut prier pour un prince qui viole ses lois. »

Sachant que de telles paroles ne lui seraient jamais pardonnées, Léger quitta la cour avant que fût consommée sa rupture avec Childéric et revit Autun avec joie.

Pour bien prouver au fils de Bathilde qu'il désirait garder avec lui des rapports pacifiques, il l'invita à venir célébrer à Autun la Pâque de 675. C'était une vieille coutume des rois francs que d'aller ainsi pour la plus grande fête de l'année dans une des villes importantes de leur royaume. Childéric accepta. Alors commença sous les auspices du grand drame de la Rédemption, ce drame de trois ans qui se termina par le martyre de saint Léger.

Le patrice de Marseille, Hector, était en contestation avec saint Prix, évêque de Clermont, pour une question d'héritage ; il en référa au roi qui cita les deux plaideurs devant lui. Les prétentions d'Hector, qui se basait sur la loi romaine, parurent justifiées à Léger, qui offrit l'hospitalité au patrice, et promit de recommander sa cause. Mais, pendant ce temps, la jeune reine et ses partisans excitaient Childéric contre son conseiller ; on alla jusqu'à prétendre que l'évêque complotait pour s'emparer du pouvoir. C'est sous le coup de cette révélation que le roi, orgueilleux et irrésolu, arriva à Autun.

Ah ! quelles Pâques tragiques, quel drame dans cette enceinte resserrée ! Le roi logeait probablement chez les moines de Saint-Symphorien. Léger, lui, avait sa maison épiscopale dans la ville haute, communiquant avec la cathédrale.

Un moine d'Autun, Marcolin, qui prétendait avoir eu des révélations divines, sut se faire passer pour une sorte de prophète ; désireux seulement de se mêler aux intrigues de la cour, il acheva de perdre Léger dans l'esprit de Childéric.

Le jeudi saint, le jour où Notre-Seigneur institua le sacrement d'amour, l'évêque fut secrètement prévenu que sa mort était résolue. Conscient de son innocence, Léger ne changea rien à sa journée, célébra les cérémonies liturgiques comme de coutume. Ce jeudi se passa dans un calme gros de menaces.

Saint Prix n'a quitté son diocèse pendant la grande semaine que sur un ordre absolu du roi. Reçu avec respect par saint Léger, l'austère vieillard refuse de s'occuper de son procès pendant les jours saints : pressé de tous côtés par les leudes, il confie sa cause à la mère de la jeune reine. Celle-ci ne perdit pas de temps, intrigua pour faire ajourner indéfiniment la cause. Le roi s'excusa publiquement d'avoir dérangé inutilement l'évêque de Clermont... Hector était perdu et Léger avec lui.

On arrive ainsi au vendredi saint, au jour où le Christ mourut pour les hommes. Au nom du Sauveur, Léger va trouver Chilpéric et ne lui cache pas qu'il connaît ses projets. « Ne crains-tu pas, lui dit-il, de verser le sang au jour de la Passion? » A ces mots, le roi indigné perd toute mesure, se précipite, le glaive en main. Les grands, effrayés du sacrilège, s'interposent et sauvent l'évêque.

Samedi saint. Childéric a perpétué dans son cœur son horrible crime. Mais à cette nature étrange, contradictoire, cela n'interdit pas d'assister aux offices et de communier! Le soir, dans un festin, il arrête avec ses officiers les détails du meurtre de l'évêque. Mais l'un d'eux se rend secrètement au palais épiscopal. « Garde-toi, conseille-t-il, saint évêque, sache qu'après la messe tu dois être mis à mort par le roi, avant la fin de la nuit. »

Dans la cathédrale d'Autun, la veillée de Pâques revêt une splendeur toute particulière. Le clergé psalmodie les prières pour l'Église, les hérétiques, les prisonniers. Sous la mosaïque d'or, devant le voile tissé d'or, Léger, le visage rayonnant, préside aux cérémonies. Il se rend processionnellement au baptistère où les catéchumènes attendent. Les fumées de l'encens montent au plafond, les fumées des cierges tremblent dans l'air parfumé; les chants emplisssent Saint-Nazaire. Léger verse l'eau sainte sur les fronts inclinés. Soudain, les portes s'ouvrent avec fracas Des hommes en armes se précipitent à la suite de Chidéric à moitié ivre, qui brandit son glaive.

« Léger! Léger! » crie-t-il, perdant toute dignité.

L'évêque se dresse devant le roi assassin, dans toute la majesté de son sacerdoce, enveloppé des vapeurs de l'encens, illuminé par les flammes des cierges, entouré du clergé, des néophytes en robes blanches. Childéric, étourdi par le vin, troublé par cette apparition qui lui semble surnaturelle, recule épouvanté et se retire sans oser accomplir son sacrilège.

Il se précipita aux genoux du prélat.

La veillée de Pâques terminée, Léger se rend sans crainte chez le roi. Avec calme, mais avec autorité, il lui demande pourquoi il n'est pas venu à l'office, et quelle est la cause de son irritation. Cette attitude pleine de dignité achève de dégriser le souverain qui cherche une excuse, n'en trouve pas et finit par avouer qu'il tient Léger pour suspect.

Le prélat est fixé : sa perte est résolue. Pour lui, que lui importe ? Mais Hector et ses compagnons se sont confiés à lui, il veut les sauver. De plus il ne veut pas qu'un crime sanglant vienne troubler le saint jour de Pâques. Si son évêque est assassiné, le peuple se soulèvera et le sang coulera le jour de la Résurrection. Il ne faut pas que cela soit.

Il prévient donc Hector et, avec lui, il quitte l'épiscopium. Mais ils s'en vont dans des directions opposées. Cependant leur fuite est bientôt découverte et Childéric, fou de rage, envoie des émissaires de tous côtés. Hector lutte contre ses agresseurs et tombe percé de coups, tandis que Léger, pour éviter toute effusion de sang, se rend à ses ennemis. Le voici donc à Autun, prisonnier, condamné d'avance. Le roi voulant une sentence de mort, évêques et leudes, terrorisés, n'osent prendre la défense du prévenu, s'élèvent néanmoins contre la sévérité du verdict et obtiennent un exil perpétuel à Luxeuil, près d'Ebroïn.

IV

Luxeuil ! Quel repos, quelle paix, quelle détente pour saint Léger après ces années agitées à la cour, cette tragédie à peine évitée à Autun ! Jetant tous ses soucis, toutes ses angoisses dans le sein de Dieu, Léger s'abandonne à la règle monacale qu'il avait quittée à l'appel de Bathilde. Les drames de la cour viennent battre les murs du couvent sans y pénétrer encore. L'évêque d'Autun pense bien que sa claustration à Luxeuil n'est qu'une halte sur le chemin du martyre ; n'importe, il a la paix, il est même réconcilié avec Ebroïn. Mais Ebroïn fut-il sincère en donnant à Léger le baiser fraternel ?

Quelques mois passent ainsi, calmes pour le reclus de Luxeuil, sombres et agités pour son persécuteur. Childéric regrettait déjà d'avoir commué en exil la peine de mort ; aussi fut-ce d'une oreille complaisante qu'il écouta ceux qui insinuaient que le roi et le royaume ne seraient en sécurité qu'après la mort de Léger : un homme peut toujours sortir d'un monastère ; seul, le tombeau garde inviolablement sa proie.

Luxeuil avait droit d'asile ; on ne pouvait y atteindre Léger. Sous un prétexte que j'ignore, le roi ordonna de faire sortir l'évêque du monastère : deux seigneurs étaient chargés de le tuer en route. Ces leudes étaient des cœurs durs, des esprits féroces ; néanmoins, cette besogne d'assassin répugna à leur conception de l'honneur. Ils se remirent de la sinistre besogne sur un de leurs hommes, véritable boucher, qui s'engagea à briser la tête de Léger à coups de hache dès qu'il ne serait plus sous la protection du monastère.

Le voyez-vous, ce brigand ? Ses yeux brillent dans sa face bestiale ; il se réjouit de la somme qu'il va toucher pour son crime. Cachés en face de lui, les seigneurs surveillent. La porte de Luxeuil s'ouvre, l'évêque sort, l'assassin assure son arme ; le regard de Léger tombe sur lui. Alors le malheureux frissonne de la tête aux pieds, la hache tombe de ses mains ; il se précipite aux genoux du prélat, lui dévoile le complot ourdi contre lui, implore son pardon. Du coin où ils se dissimulaient, les deux seigneurs voient et entendent tout ; ils pourraient s'enfuir, ils ne le tentent même pas ; mais allant à Léger, ils font leur soumission, et jurent sur l'honneur de lui rester fidèles. Puis, hardiment : « Nous devons rendre compte à Childéric de la mission qu'il nous a confiée. Adieu, évêque, nous savons que nous marchons à la mort ! »

Mais la mort les avait précédés au palais royal. Le roi avait mis le comble à ses iniquités en faisant fustiger publiquement un puissant leude, coupable de s'être plaint d'un impôt arbitraire. Une conspiration s'était formée silencieusement contre le fils de Bathilde. Un jour qu'il chassait en forêt avec sa femme et son fils, un cercle de fer se resserra lentement autour de lui, et le leude insulté tua de sa propre main le roi, la reine et l'enfant.

Bien que la perte ne fût pas grande pour le royaume, ce fut le signal d'une sorte de révolution. « Les exilés accoururent de toutes parts, pleins de haine et de ressentiment. Chacun ne connaissait d'autre règle que sa volonté. Les troubles furent si profonds que l'on en vint à croire à l'avènement de l'Antéchrist. »

Ebroïn quitte Luxeuil ; tout ce qui avait été entraîné dans sa chute se groupe autour de lui, ne pensant qu'à reprendre le pouvoir, qu'à anéantir l'évêque d'Autun. Cependant, Léger chevauchait avec une nombreuse escorte, car aux troupes que lui avaient laissées les leudes s'étaient jointes celles de l'archevêques de Lyon, saint Genès, allant à Paris. Ebroïn aussi a rejoint Léger avec ses forces, mais celles de son ennemi sont supérieures ; il dissimule, et voyage paisiblement avec les évêques.

La rentrée de Léger à Autun est un triomphe. La pauvre ville en ruines se redresse pour acclamer son évêque, son père. Le peuple et le clergé se pressent dans les ruelles, sous les portes romaines, à la cathédrale. Léger est roi à Autun, et Ebroïn, frémissant de rage, assiste à cette ovation. Mais les évêques doivent gagner Paris pour l'élection du successeur de Childéric, et reprennent immédiatement la route de la capitale. Ebroïn se sépare bientôt d'eux et court à marches forcées sur Soissons. Politique avisé, il se rend compte que le tour de Thierry est venu : le roi tonsuré va quitter le cloître de Saint-Denis et ne lui pardonnera pas sa conduite passée. Afin de s'imposer par la force comme maire du palais, Ebroïn prépare une action décisive. Mais il arrive trop tard. Les grands de Neustrie et saint Léger se sont hâtés, eux aussi, ont acclamé Thierry et lui ont donné un maire du palais.

Ebroïn, surpris, exaspéré, envahit la Neustrie, s'empare du roi, l'enferme, répand le bruit de sa mort, attire le nouveau maire du palais dans une entrevue en jurant sur la châsse des saints qu'il ne lui sera fait aucun mal, et l'assassine! (La châsse était vide.) Il se nomme lui-même maire du palais. De qui? D'un fils qu'il suppose à Thierry, et fait partout prêter serment à ce faux Clovis III. Mais la Bourgogne résiste à Ebroïn et à son roi. Heureuse circonstance qui va permettre au bandit d'abattre Léger et, comble de bonheur, deux prêtres indignes, évêques déposés de Chalon et de Valence, Bobbon et Didier, viennent proposer d'envahir la Bourgogne, de s'emparer d'Autun et de Léger. Ebroïn leur fournit une armée dont il donne le commandement à Waimer, duc de Champagne. Comme prix : l'évêché d'Autun et les trésors de l'église. Marchez, fidèles d'Ebroïn, et faites bonne et prompte justice !

V

Léger suivait attentivement depuis Autun ces événements angoissants ; il ne pouvait rien, il ne croyait ni à la mort de Thierry ni au faux Clovis III et se tenait simplement prêt à tout pour secourir éventuellement le roi légitime contre Ebroïn. Il savait que des armées avaient envahi la Bourgogne au nom de Clovis III. Aussi mettait-il Autun en état de défense.

Par Autun, il faut entendre le castrum. A ceux d'entre vous qui connaissent la ville, je puis dire que cela représente l'étroit espace allant de la tour Sainte-Ursule à la porte de Breuil, la place d'Hallencourt, l'hôtel Rollin, pour rejoindre l'enceinte romaine qui suit le boulevard Mac-Mahon.

Ce coin resserré, c'est à la fois le cœur et le cerveau d'Autun : là sont la cathédrale et l'évêché. Mais trois monastères et nombre de maisons restaient en dehors des fortifications. Léger fit briser toute son argenterie ; une partie fut distribuée à ces monastères, le reste confié à la cathédrale pour les pauvres.

Ayant ainsi paré au matériel, Léger, par d'ardentes exhortations, sut élever son peuple jusqu'à son niveau spirituel. La force et la fermeté du pasteur engendrèrent la force et la fermeté du troupeau. Des processions solennelles se déroulèrent autour du castrum.

L'ennemi approchait de jour en jour. Bientôt l'investissement d'Autun fut complet. L'évêque réunit ses fidèles, leur demanda pardon s'il les avait blessés par de trop sévères réprimandes, et tous, le cœur purifié, marchèrent vers les assaillants. La lutte était imminente. Déjà les envahisseurs étaient maîtres de la ville basse, leurs troupes commençaient à battre les murailles du castrum. Hurlant, vociférant, les bandits, conduits par Bobbon et Didier, firent toute la nuit les préparatifs de l'assaut. Les Autunois les repoussaient vaillamment, mais que de morts ! Que de blessés !

Au petit matin, Léger qui, comme un général, dirigeait lui-même la défense, vit en parcourant le chemin de ronde que la situation était de plus en plus périlleuse. Le même sentiment qui l'avait fait se rendre sans défense, quelques mois auparavant, aux soldats de Childéric, lui fit suspendre le combat. Le prêtre Méroald, sortant par un passage secret de la porte de Breuil, s'en fut trouver l'indigne évêque Didier, et au nom de Dieu tâcha d'adoucir cette âme farouche ; n'en obtenant rien, il lui demande de fixer la rançon de la ville. Didier triomphait. Insolemment, il menaça Autun des pires traitements si Léger ne lui était remis à discrétion et ne prêtait serment de fidélité à Clovis.

Ce fut la mort dans l'âme que Méroald revint au castrum. Dans un sursaut d'indignation, le saint envoya à Didier la protestation suivante : « Qu'il soit notoire à tous, que toujours je garderai à Thierry la foi promise devant Dieu.

Périsse mon corps : j'y consens plutôt que de déshonorer mon âme par une forfaiture. » Comme bien vous le pensez, ce noble langage ne fit qu'exaspérer les assaillants. L'assaut reprit avec violence. Trop de sang déjà avait coulé. Noble et pasteur jusqu'à la fin, Léger, comprenant que c'était à lui, à lui seul, qu'en voulaient Didier et Bobbon, et derrière eux Ebroïn, résolut de se sacrifier pour son peuple.

Je voudrais vous avoir avec moi, vous tous qui me lirez, vous emmener dans ce chemin abrupt d'où Léger contemple une dernière fois son épiscopium, sa cathédrale, son castrum ; je voudrais vous montrer ce fouillis de tours, de remparts, de portes, de ruelles étroites, de clochers, qui descendent jusqu'au temple de Janus dans la plaine, cette ville saturée d'histoire que dominent la pyramide de Couhard et la flèche de Saint-Lazare ! Et là, vous frissonneriez comme j'ai frissonné moi-même en revivant sur place l'exécution du grand saint !

Léger, avant de se livrer à son implacable ennemi, offre le saint Sacrifice ; il se fortifie du corps et du sang du Christ. Il s'est incliné humblement devant son Dieu ; maintenant, c'est l'évêque qui se dresse dans toute sa majesté. Coiffé de la mitre, la lourde chape brodée sur les épaules, la crosse en main, il suit la croix et les reliques que l'on porte, une fois encore, autour du castrum.

O saint Léger, fixez vos regards ardents sur la croix et les reliques, car votre calvaire commence et un long martyre vous attend !

La procession s'arrête devant la porte de Breuil. L'évêque bénit son peuple. Les chaînes de la porte se tendent en gémissant ; l'étroit pont-levis s'abaisse. Léger le franchit d'un pas ferme. A sa vue, les soldats de Didier s'élancent comme des éperviers sur leur proie. D'un regard, l'évêque les contient. « Qui cherchez-vous ? demande-t-il. — L'évêque d'Autun. — Me voici. Épargnez mon peuple ! »

Les assaillants se jettent avec des hurlements de fauve sur leur prisonnier, s'en saisissent, l'entraînent.

Connaissez-vous ce ruisseau qui coule au pied de la ville,

actionne en chantant quelque moulin, de l'autre côté duquel s'élève la colline de Couhard? C'est là que Didier insulte au prélat vaincu, c'est là qu'est donné l'ordre cruel. Monte, Léger, monte ta voie douloureuse ! Que tes yeux se reposent encore sur la ville aimée, que ta main trace dans l'air pur la suprême bénédiction. Adieu, Autun ! Léger, les yeux crevés avec des fers rougis prie pour ses bourreaux. « Pardonnez-leur, mon Père, car ils ne savent ce qu'ils font ! »

L'évêque prisonnier, la malheureuse ville fut une fois de plus pillée, saccagée. Le trésor de l'Eglise paya la rançon des habitants qui, du moins, furent épargnés.

VI

Le prélat fut remis entre les mains du féroce duc de Champagne ; bientôt arrivèrent les ordres d'Ebroïn, dont la joie devait être intense : que Waimer abandonne l'aveugle, seul, au milieu d'une épaisse forêt ; il y mourra de faim si les bêtes sauvages ne le dévorent pas. On dira qu'il s'est noyé au passage d'une rivière ; on lui élèvera un tombeau, et tout sera fini ainsi.

Waimer exécute ponctuellement les ordres reçus. Tandis que les troupes s'éloignent, Léger, seul, tâtonne, les mains étendues, les pas hésitants, les nerfs exaspérés cherchant à suppléer les yeux mutilés ; il se heurte aux arbres, il tombe sur les racines, se meurtrit aux branches. Et autour de lui le silence, le grand silence de la forêt déserte. Il écoute encore. Rien, que le vent dans les feuilles. Il est seul, seul avec Dieu ! Au bout de quelques jours, Waimer revient pour chercher le corps de l'évêque. Il avance hardiment avec ses hommes, brisant les branches qui viennent le fouetter ; il reconnaît les abords du lieu où il abondonna Léger

Soudain, il s'arrête ; le farouche guerrier tremble comme un enfant. Léger est là, vivant et priant Dieu pour ses ennemis !

L'oraison du saint n'est pas vaine. Waimer tombe à genoux, implore son pardon, et, vaincu par sa victime, il l'emmène en sa villa, où il le traite comme un hôte de marque ; sa femme lui donne ses soins, ses serviteurs sont à ses ordres ; en ce temps de soif de l'or, Waimer rend spontanément sa part du butin d'Autun. Dans sa nuit éternelle, Léger a encore une fois la paix ; pas pour longtemps, car Ebroïn l'appelle à la cour !

Les événements avaient marché depuis le siège d'Autun : le faux Clovis III avait disparu de la scène du monde, tandis que Thierry reparaissait, la haine au cœur ; Ebroïn s'était imposé au roi et aux leudes ; plus puissant et plus cruel que jamais, il persécutait impitoyablement tous ceux qui avaient osé se dresser contre lui. Puis, se déclarant soucieux des lois et de la justice, il annonça qu'il allait rechercher et punir les assassins de Childéric. Le bruit du supplice de Léger s'était répandu en Gaule et y avait excité l'émotion et la pitié générales. Ebroïn, lui, inaccessible à tout sentiment noble, ne considérait qu'une chose : Léger vivait, honoré comme un martyr ! Il fallait lui enlever tout prestige comme on lui avait enlevé toute puissance. Victime de Childéric, exilé par lui, Léger a quitté Luxeuil avant le meurtre ; certainement, lui et son frère Guérin, par esprit de famille, étaient du complot qui a anéanti la race royale. Le comte Guérin, arrêté comme régicide, se retrouve avec saint Léger devant le tribunal d'Ebroïn.

Étrange tribunal ! des évêques, des leudes, sont réunis pour juger leurs pairs. Les deux accusés comparaissent, mais nul ne se lève pour porter contre eux la moindre accusation. Quoi ! Pas un ? Si, Ebroïn ! Ebroïn, maire du palais, se fait à la fois accusateur et juge des deux frères ; et non seulement il les inculpe de régicide, mais il ne craint pas, odieux jusqu'à la fin, d'accabler d'injures et de moqueries le noble leude et l'évêque martyr ! Et si nul ne s'est levé pour accuser les deux saints, nul non plus ne se lève pour les défendre. Ebroïn terrorise son époque.

La dignité de Léger exaspère le tyran. Sur son ordre, les deux frères sont séparés pour être suppliciés. Le comte Guérin, entraîné par ses bourreaux, est lié à un poteau, et lapidé sans pitié. L'aveugle l'entend prier avec ferveur : « Bon Jésus, accueillez l'âme de votre serviteur. Vous daignez me rendre semblable aux martyrs. » Bientôt, il s'affaisse sous les coups multipliés. « Pardonnez-leur, mon Dieu ! »

L'Église, pour sa droiture, pour son innocence, pour son martyre, mit le comte Guérin au nombre des saints.

Le supplice de Léger devait durer deux ans, par raffinement de cruauté de la part d'Ebroïn, par attention de la Providence qui en fit l'apôtre de ses persécuteurs jusqu'à son dernier souffle. Il semble vraiment que l'atroce maire du palais voulût renouveler les exploits des tortionnaires romains. Mais Léger renouvela, par sa patience et sa *force*, ceux des premiers martyrs de l'Église.

Ebroïn est las d'avoir tant supplicié son ennemi ; il fait venir le leude Waninge, ami de saint Ouen : « Reçois Léger, que tu as vu jadis si superbe ; prends-le sous ta garde ; le moment viendra bientôt d'en rendre compte et de lui infliger ce qu'il a mérité de ses ennemis. »

Waninge s'incline ; on lui remet Léger. Un frisson d'horreur secoue le seigneur. Est-ce l'évêque d'Autun, le conseiller de Bathilde et de Childéric, cette misérable loque humaine, presque nue, les yeux crevés, les lèvres coupées, le visage tailladé, la langue arrachée, les pieds mutilés par les pierres tranchantes sur lesquelles on l'a fait marcher ? Waninge frémit, mais n'ose élever la voix devant Ebroïn ; ami de saint Ouen et de saint Wandrille, fondateur de l'abbaye de Fécamp, il accepte d'être le geôlier de saint Léger. Il ordonne d'une voix rude de hisser le prisonnier sur un cheval rétif, et en route ! Mais les forces de l'évêque défaillent ; on s'arrête, on le porte dans une hôtellerie. Quelques moines d'Autun, qui suivaient leur chef comme les saintes femmes suivaient le Christ au calvaire, demandèrent la faveur d'assister le mourant ; ils le trouvèrent sur un misérable lit, couvert d'une toile de tente, râlant et vomissant le sang. Le moine Hermenaire s'approcha avec respect, pansa les multiples blessures, rafraîchit la gorge déchirée, et revêtit l'évêque de ses propres vêtements. Et Waninge, ému de pitié, sentit son cœur se fondre et toute crainte l'abandonner. Pour la troisième fois, la présence seule de Léger persécuté opérait un miracle ! Et ce fut avec les marques de la plus profonde déférence que le comte du palais confia son prisonnier aux religieuses de Fécamp. Les deux années que notre saint vécut à cette abbaye furent une halte sur sa voie douloureuse : sa vie se passait à l'église ; l'aveugle y célébrait journellement la messe ; il avait recouvré suffisamment l'usage de la parole pour prêcher, et quelle puissance devait avoir la prédication d'un tel martyr ! Nous avons encore de lui une lettre admirable qu'il fit parvenir à sa mère Sigrade, enveloppée dans la persécution qui frappait ses fils. Dépouillée de tous ses biens, la noble dame fut enfermée dans un monastère de Soissons ; elle y mourut en odeur de sainteté, et les religieuses conservèrent longtemps ses restes avec ceux de Guérin.

Cependant les événements marchent, marchent, en ce siècle chaotique où tout se mêle, où les rois se suivent, haletants, courant à une mort prématurée comme de plus nobles courent à la gloire ! Après une guerre malheureuse contre Dagobert, roi d'Austrasie, Thierry et Ebroïn convoquent une assemblée générale de nobles et d'évêques à Marly ; on y traite des affaires politiques, et aussi des affaires religieuses. Les évêques ont plus d'assurance que lors du procès de Léger et de Guérin ; ils citent des intrus à leur tribunal ; l'odieux Didier est dégradé avec d'autres, puis mis à mort par Ebroïn. Et dans son couvent de Fécamp, affligé de mille maux, Léger a encore la force de s'attrister de la fin impie du misérable ! Mais le tour du saint va venir enfin.

En 678, il comparut devant un synode pour répondre du meurtre de Childéric. Dans une entrevue particulière,

Ebroïn et Thierry pressèrent leur victime de s'avouer coupable. Mais Léger, inébranlable, ne cesse de protester avec dignité de son innocence. Alors, dit-on, Ebroïn s'emporta sans mesure : « Tu as grande confiance, s'écria-t-il, dans la sublimité de tes paroles. Qui prétends-tu persuader? Tu te figures que tu seras martyr, c'est ce qui te rend téméraire. Tu recevras le martyre comme tu l'auras mérité! »

Léger se tait, comme se taisait le Christ devant le grand prêtre Caïphe. Ebroïn questionne, presse. « *Vous ne répondez rien à ce qu'ils déposent contre vous?* » A ce débordement de fureur, Léger oppose toujours le silence. *Le grand prêtre alors, déchirant sa tunique, s'écria : « Qu'avons-nous besoin de témoins? » Et tous s'écrièrent : « Qu'il soit mis à mort! »* On déchire la tunique de Léger en signe d'avilissement et le roi le condamne à mort.

Plus qu'un pas à franchir, ô Léger, et tu seras au sommet du calvaire !

Chrodobert, comte du palais, a la garde de l'évêque et l'emmène dans sa villa de Sarcing, près d'Arras. En route, ses gardiens virent la tête du prisonnier entourée d'une auréole, et, se prosternant, se dirent entre eux : « Cet homme est un véritable serviteur de Dieu! » Chrodobert, comme jadis Waimer, vit sa maison bénie par la présence du saint; maîtres et serviteurs, convertis, confessaient humblement leurs fautes. Pour la quatrième fois, Léger usait du don divin de commander aux volontés pour les tourner au bien. Pourtant Chrodobert n'osa pas se soustraire aux ordres que bientôt Ebroïn lui envoya.

Quatre hommes emmenèrent l'évêque d'Autun dans la forêt de Sarcing pour l'y décapiter et l'enterrer secrètement. Trois des bourreaux s'agenouillèrent devant le condamné, lui demandèrent son pardon et sa bénédiction. Le quatrième, impatienté de ces retards, leva sa hache, et lui trancha la tête d'un seul coup. Puis, comme le corps restait debout, il le frappa du pied. En punition de ce sacrilège, il fut pris d'un vertige frénétique qui, peu après, le jetait dans le feu. Le 2 octobre 678, Léger avait enfin cessé de souffrir!

Trois ans plus tard, un synode solennel réhabilitait le prélat; Thierry faisait toutes les réparations morales exigées de lui. Proclamé saint, l'évêque martyr d'Autun eut bientôt son culte répandu dans la moitié du nord de la France. Aujourd'hui encore, son souvenir est vivant et vibrant dans sa ville. Cependant, si saint Léger est profondément populaire à Autun, nulle église ne lui est consacrée, nulle rue ne porte son nom. Mais au-dessus du porche de l'humble chapelle de village qui avoisine la pyramide de Couhard est une statuette d'évêque, souvenir de la dernière bénédiction de saint Léger d'Autun avant son martyre.

SAINTE ODILE (environ 640 à 720)

> « Je me suis élevé comme le cèdre du
> Liban et comme le cyprès sur la mon-
> tagne de Sion... J'ai répandu une odeur
> agréable comme celle de la myrrhe la
> plus excellente. »

I

Une grande anxiété plane aujourd'hui sur Obernai. Le duc
Adalric attend dans la fièvre l'héritier qui naîtra ce soir; son
épouse, Béreswinthe, la fille de Sigrade, la sœur de Guérin
et de Léger, est dans sa chambre avec ses femmes. Pour
tromper son impatience, le duc d'Alsace a chassé tout le
jour dans les forêts d'Hohenburg; et maintenant il rentre,
le pont-levis d'Obernai s'est abaissé pour laisser passer le
cortège bruyant.

Tout animé encore de la lutte contre loups et sangliers, Adalric pénètre dans la salle basse. Une suivante de
Bereswinthe vient au-devant de lui et s'incline :

« Seigneur Adalric, depuis un moment tu es père.

— Mon fils est né? »

La servante hésite une seconde; quand il est déçu, les
emportements d'Adalric font trembler.

« Seigneur, ce n'est pas un fils qui repose près de
Bereswinthe... »

Le duc réprime un mouvement de contrariété. Quoi! ce
n'est qu'une fille? Il se dirige vers la chambre; la servante

le suit, apeurée. Le maître de l'Alsace se penche sur le berceau sculpté que protège une tenture ; les traits durs, il se penche sur un petit être vagissant, étroitement emmaillotté. Il écarte le rideau ; le jour vient frapper le visage du nouveau-né, les yeux s'ouvrent... Adalric recule. Dans son lit, Bereswinthe pleure ; ses femmes, éperdues, l'entourent. Le redoutable duc se redresse, terrifié, terrible.

« Aveugle ! il m'est né une fille aveugle ! De quoi donc, Seigneur, me châtiez-vous dans mon premier rejeton ? »

De quoi ? Adalric, vous êtes puissant, mais implacable, et vos colères sont effrayantes. Souvenez-vous de saint Germain, abbé de Grandval, que vous avez fait égorger dans un mouvement de fureur... Souvenez-vous de tant de meurtres, de cruautés, dans votre lutte contre Ebroïn, assassin de votre père ! Œil pour œil, dent pour dent ? Non, le Christ a dit : « Pardonnez soixante-dix-sept fois sept fois. » Adalric, vous n'avez jamais pardonné ! La main de Dieu s'appesantit sur vous, et vous vous cabrez au lieu de vous incliner.

Le duc d'Alsace se tourne vers sa femme en larmes, et sans pitié :

« Une enfant infirme est la honte d'une noble famille. Ta fille doit mourir, Bereswinthe ; elle déshonore mon toit. Ce qui m'arrive aujourd'hui n'est arrivé à nul homme de ma race. Fais-la tuer, car elle est le signe que Dieu est irrité contre moi. »

De son lit, la malheureuse mère a encore la force de répondre :

« Seigneur, ne sois pas si affligé. Je sais que le jugement de Dieu s'est manifesté ici. Le Christ disait à ses disciples qui l'interrogeaient sur un aveugle-né : « Il n'a point péché, « ni lui ni ses parents ; mais cela s'est fait pour permettre à « la puissance de Dieu de se manifester en lui. »

Adalric ne veut rien entendre ; que la pauvre petite innocente qui gémit dans son berceau soit immédiatement sacrifiée !

Pourtant, devant les larmes, les supplications de son épouse, il finit par s'adoucir. L'infirme vivra, mais que nul

« Aveugle! il m'est né une fille aveugle! »

ne soupçonne jamais la honte qui s'est abattue sur la maison d'Alsace; qu'elle soit reléguée en quelque lieu secret, qu'elle y reste inconnue; jamais son père ne la reverra!

Bereswinthe, brisée par l'affreuse scène, reste seule, anéantie. Que faire? Son cœur se fend à chaque idée qui lui vient à l'esprit; la petite condamnée s'est endormie. Alors, la duchesse d'Alsace se souvient d'une de ses anciennes servantes, mariée maintenant à Schlestadt. Elle envoie secrètement vers elle un messager l'appeler à Obernai.

Bientôt, cette femme, qui devait beaucoup à Bereswinthe, est près de sa maîtresse; elle voit la descendante d'une lignée de leudes et de maires du palais condamnée par son père; elle reçoit le précieux dépôt et, touchée de compassion devant la misère de la grande dame, l'humble paysanne murmure :

« Ma maîtresse, ne te laisse pas accabler par la douleur; le Seigneur peut restaurer ce qui est imparfait. Donne-moi ta fille; je la nourrirai et je veillerai sur elle. »

Pendant une année entière, l'enfant resta chez l'ancienne servante sans éveiller la curiosité. Mais les voisins commencèrent à être intrigués par cette petite fille aveugle dont la nourrice prenait tant de soin; on jasa, on accabla de questions indiscrètes la pauvre femme qui redoutait de voir découvrir l'origine de sa pupille. Elle écrivit ses craintes à Bereswinthe et lui demanda des instructions.

Pour la première fois, la dame d'Obernai recevait des nouvelles de sa fille; pour la première fois, elle pouvait s'en occuper, mais ce devait être pour l'éloigner toujours plus d'elle! A l'insu de son mari, elle ordonna à la nourrice de quitter Schlestadt et de cacher l'enfant dans le monastère de Baume, près de Besançon, dont elle connaissait intimement l'abbesse.

Je pense que cette abbesse fut mise au courant de la tragique histoire de la fillette qui venait, inconsciente encore, chercher près de Dieu un refuge contre son père; et je pense aussi que le secret de sa naissance fut révélé à l'aveugle quand elle eut l'âge de raison.

A Obernai, le duc Adalric mène un train quasi royal ; les chasses et les expéditions guerrières se succèdent, l'Alsace plie sous la main de fer du beau-frère de saint Léger, Bereswinthe donne à son mari quatre fils vigoureux et dignes de leurs ancêtres ; la haine et l'ambition d'Ebroïn ensanglantent la Gaule entière et accumulent les martyrs dans la famille de Bereswinthe... Dans un monastère du Jura, une enfant aveugle grandit et prie ; elle est douce et se fait aimer ; elle est belle et de noble stature ; de longues tresses blondes caressent ses épaules. Elle ne connaît que le monde intérieur ; instruite des vérités de la religion, elle aspire à servir Dieu sous le voile des religieuses ; et pourtant, elle n'est pas encore chrétienne !

Il semble invraisemblable que cette jeune fille élevée dans un couvent ne fût même pas baptisée ; à cela on ne voit qu'une explication raisonnable : dans le désarroi qui suivit la naissance de l'infirme, Bereswinthe, affolée, ne songea qu'à la vie terrestre de sa fille et oublia sa vie spirituelle ; la nourrice ne pensa même pas à s'en enquérir, et les religieuses ne se doutèrent pas que la pure enfant n'avait pas reçu le baptême. Du reste, nous ne savons pas par quel nom on la désignait. Ce triste état se serait prolongé indéfiniment sans l'intervention directe du Ciel.

II

Saint Ehrard était alors évêque de Ratisbonne en Bavière. Il vint dans les Vosges rendre visite à son frère Hidulphe, abbé de Moyenmoutier. Là, Dieu se révéla à lui et lui parla en ces termes :

« Va au monastère de Baume, près de Besançon. Tu y trouveras une jeune fille aveugle de naissance. Baptise-la au nom de la Sainte Trinité; impose-lui le nom d'Odile, et aussitôt elle recouvrera la vue. »

Les deux frères n'hésitèrent pas; s'étant immédiatement rendus à Baume, ils demandèrent la jeune fille aveugle qui y était élevée, dirent qu'elle n'était point baptisée, et qu'ils venaient lui administrer le premier sacrement.

Ce dut être une cérémonie émouvante! L'aveugle, guidée par une religieuse, s'avance vers le baptistère; ses traits graves, ses longs cheveux blonds, sa robe blanche, font penser au ciel; mais, hélas! les paupières closes semblent interdire à son âme toute manifestation extérieure. Ehrard attend près de la piscine, assisté de son frère. La jeune fille, debout, répond aux prières, aux questions de ceux qu'elle ne voit pas; puis elle descend dans la piscine. « Au nom du Père, et du Fils, et du Saint-Esprit, je te baptise et te donne le nom d'Odile. »

Odile baisse la tête; l'eau coule sur son front. Chrétienne, pure de toute faute, elle sort de la fontaine sainte et tombe à genoux, secouée d'un grand frisson. O miracle, ses yeux grands ouverts regardent avec surprise, avec avidité tout ce qui l'entoure; cette lumière qu'elle contemple pour la première fois ne l'éblouit pas. Éperdue, elle lève les mains vers le ciel : « Dieu tout-puissant, je vois! »

Quel trouble, quel émoi dans la pieuse assistance! Dieu a fait un miracle. Les deux saints prient en silence : eux *savaient* ce qui devait se produire. Et je m'imagine qu'un *Te Deum* ou un *Magnificat* dut jaillir des lèvres des religieuses.

Odile... Certains auteurs disent que ce nom signifie « fille de lumière ». Que nous importe? Un grand miracle a fait luire la lumière aux yeux de l'aveugle, miracle que les sceptiques essayent de contester; mais est-ce plus prodigieux que de faire briller la lumière dans une âme et de la régénérer? « Et afin que vous sachiez que le Fils de l'Homme a le pouvoir de remettre les péchés : Lève-toi, dit-il au paralytique, et marche! »

Alors l'évêque Ehrard instruisit les religieuses de sa vision et les exhorta à veiller soigneusement sur la jeune fille qu'il leur laissait. Ensuite, se tournant vers Odile, le visage tout illuminé d'une sainte joie, il lui donna le baiser de paix et lui fit ses adieux en ces termes : « Que la clémence divine nous permette de nous contempler de nouveau dans les demeures éternelles. » Puis il partit.

Odile reprit la vie purement religieuse qu'elle menait avant son baptême ; et pourtant tout était changé pour elle. La lumière avait lui sur elle, sur son corps, sur son âme. L'univers s'offrait à elle, mais elle ne désirait que rester ensevelie dans le couvent de Baume pour y servir le Seigneur. Celui-ci en avait décidé autrement.

Ehrard, instrument de Dieu, crut de son devoir de prévenir Adalric de l'existence de sa fille et de sa guérison miraculeuse au contact de l'eau baptismale. Les historiens dignes de foi ne nous parlent plus de Bereswinthe ; j'en conclus qu'elle était morte peu après la naissance de ses fils. Adalric continua d'ignorer Odile, mais son fils Hugon, qu'il affectionnait particulièrement, fut profondément ému de cette révélation. Que fut-ce donc, lorsqu'un jour un messager lui remit un peloton de soie dans lequel était cachée une lettre d'Odile. Elle l'assurait de sa tendresse fraternelle, et lui demandait d'agir auprès d'Adalric selon ce que son cœur lui suggérerait. Hugon était jeune et bon ; il avait éprouvé l'affection que son père lui portait. Sans prendre le temps de la réflexion, il alla trouver le duc.

« Seigneur, écoute ton fils qui implore ta clémence.

— Je t'écouterai si ce que tu me demandes ne se rapporte point aux soucis qui m'assiègent, répondit sombrement Adalric. »

Quels soucis ? Hugon savait bien que si son père était un puissant seigneur, des responsabilités écrasantes pesaient sur lui ; mais il ne savait pas que la lettre d'Ehrard, demeurée sans réponse, avait fortement remué Adalric, ramenant à la surface de son âme tout ce qu'elle avait de mauvais comme tout ce qu'elle avait de bon. Aussi le jeune homme demanda-t-il intrépidement en grâce le retour de sa sœur, exilée depuis sa naissance dans un pays étranger.

Adalric se redresse, courroucé; laissé à lui-même, peut-être eût-il rappelé Odile, mais il ne souffre pas qu'un autre lui en parle. Durement, il impose silence à son fils. Hugon n'est pas découragé par ce refus; le duc d'Alsace est terrible, mais avec des retours de bonté et de tendresse. Il s'adoucira à la vue d'Odile et l'accueillera. Hugon fait partir en cachette pour Baume un char de voyage et une escorte pour protéger sa sœur en route. Puis il attend, plein de confiance.

Odile suivait les exercices des religieuses, mais, n'avait encore prononcé aucun vœu. Rien ne s'opposait donc à ce qu'elle retournât chez son père, non à Obernai, mais à Hohenburg qu'il occupait alors.

III

Interrompons un instant le cours de ce récit: Hohenburg mérite qu'on s'y arrête.

Ce lieu est pour l'Alsace ce que fut l'Acropole pour Athènes, le Capitole pour Rome; mais sa gloire est plus haute et plus pure; le mont Saint-Odile, couronné par Hohenburg, est un des lieux saints de France. Ce n'est pas le point le plus élevé d'Alsace, mais c'est celui d'où la vue embrasse la plus grande étendue de pays : la riche plaine couverte de cultures, les villes et les multiples bourgades, forment un riant tableau auquel des montagnes bleuâtres servent de fond; le Rhin, limite de deux mondes, le borne de son long ruban argenté; tout est paix, tout est sérénité. Du sommet, on plane sur l'Alsace riche et riante; mais pour posséder cette vue, il faut traverser de sombres forêts qu'illumine soudain un éclatant rayon de soleil filtrant sur les troncs rosés des sapins, égayant la mousse et la verdure de sa lumière dansante; il faut s'envelopper du silence des bois, frissonner au bruit d'une feuille qui tombe, s'enfoncer dans l'obscurité des siècles; il faut lutter, peiner... Alors on possède le Hohenburg, on possède l'Alsace de tous les temps dont sainte Odile est le vivant symbole.

Sur ce sommet, toutes les races, toutes les civilisations ont laissé leur empreinte. Voyez ces ruines impressionnantes, ce mur de blocs assemblés sans mortier, ici presqu'enseveli sous la verdure, là s'élevant encore à plusieurs mètres, dont l'épaisseur atteste l'importance, et qui a plusieurs kilomètres de tour; c'est le « mur païen », forteresse des Celtes, refuge de leurs familles, de leurs richesses, réduit de leur défense, lorsque les Germains envahissaient la fertile Alsace; observatoire merveilleux, castellum inexpugnable que les Romains fortifièrent encore.

C'est là qu'Adalric a transporté sa demeure; c'est de ce point stratégique que le duc d'Alsace veut dominer la contrée qu'il gouverne. Un château barbare s'élève dans l'enceinte du mur païen.

Adalric, Hugon et quelques seigneurs, d'une terrasse, peut-être d'une tour, plongent leur regard dans la plaine. Une troupe y chemine lentement, se dirigeant vers Hohenburg : des cavaliers armés entourent un char lourd et rustique, mais ornementé, sur lequel on distingue une jeune femme. Adalric est surpris; le cœur de Hugon bondit dans sa poitrine; peut-être quelque rougeur à ses joues révèle-t-elle au duc que son fils est instruit, car c'est à lui qu'il s'adresse.

« Qui donc vient à Hohenburg en cet équipage? » demande-t-il brièvement.

Ému, Hugon répond :

« C'est ta fille Odile qui revient à toi. »

Adalric n'a pas encore pardonné à sa fille de vivre, et voici qu'elle vient le braver jusqu'à Hohenburg! La colère lui monte au cerveau.

« Qui donc a été assez téméraire et assez fou pour la rappeler sans mon autorisation? »

Hugon frémit; il comprend que son irréflexion peut être

Des cavaliers armés entourent un char lourd et rustique, mais ornementé.

cause d'un malheur, lui qui croyait, pauvre enfant! que le père accueillerait sa fille exilée. Néanmoins il ne recule pas.

« C'est moi qui, pensant que c'était un opprobre pour notre maison de l'abandonner, prenant part à son affliction, c'est moi qui l'ai rappelée. Pardonne-moi, car je vois maintenant que j'ai eu tort de faire revenir Odile sans ton ordre. »

Pardonner... jamais Adalric n'a pardonné! Aveuglé par le plus effroyable courroux, il se précipite vers Hugon et lui assène un tel coup de gourdin que l'enfant s'écroule aux pieds du père subitement calmé. « Hugon, mon fils! » Un soupir, et tout est fini; Hugon est mort. « Malheur à moi, malheur! parce que j'ai grandement encouru la colère du Père suprême en tuant mon fils! »

Dans son véhément désespoir, il veut s'enfermer dans un cloître, y faire pénitence toute sa vie; il s'emporte dans la douleur comme il s'emporte dans la colère! Et c'est à ce moment suprême qu'Odile entre dans sa vie; la douceur, les larmes, peut-être la beauté de la jeune fille, vainquirent et l'humeur farouche et l'âpre désespoir du meurtrier.

Nous ne savons combien de temps Odile resta près d'Adalric après l'affreuse tragédie. Il s'attacha à l'enfant qu'il avait chassée, la traita honorablement, et lui permit d'entrer dans un monastère. La jeune fille, mêlée à ses compagnes, souhaitait d'y passer sa vie entière à servir Dieu et les pauvres, qui sont l'image du Christ. Et ce fut sa sollicitude pour les pauvres qui la fit sortir de l'ombre et la mit au premier rang. Adalric n'était pas entré dans un cloître. Sombre et fermé, il continuait de faire trembler l'Alsace, et Odile, qui l'aimait, qui avait pitié de ce farouche seigneur poursuivi par le spectre sanglant de son enfant, Odile avait malgré tout grand'peur de lui.

Or, un matin, Adalric la rencontra qui cachait quelque chose sous son ample manteau de religieuse. Il l'arrêta, et déjà adouci par la sérénité qui émanait de la sainte :

« Où vas-tu, ma fille, et que portes-tu là?

— C'est un peu de farine destinée à de pauvres gens »,
murmura Odile tremblante en écartant son manteau.

Adalric, ému de sa charité, ému des humbles travaux aux-
quels se livrait volontairement la fille des ducs d'Alsace,
ému peut-être aussi de la crainte qu'elle laissait transpa-
raître, reprit avec bonté :

« Ne t'attriste pas de ce que tu as mené jusqu'à ce jour
une vie misérable, car tu vas en sortir avec éclat. »

Le même jour, dit la *Vie de sainte Odile,* le duc fit donation solennelle à sa fille du château de Hohenburg et de ses
dépendances, afin qu'elle y établît une congrégation pieuse
qui, par ses prières, obtiendrait du Ciel le pardon des fautes
passées d'Adalric et surtout du meurtre de Hugon.

V

Tout ce qui précède nous montre qu'il faut reléguer au
rang des fictions la délicieuse légende fribourgeoise que
voici : Quand Odile rentra à Hohenburg, de nombreux seigneurs aspirèrent à sa main, et Adalric désira pour sa fille
une brillante alliance, lui refusant la paix du cloître. Odile
rejeta tous les prétendants, même un prince de Germanie
agréé par son père. Menacée d'être mariée par contrainte, la
malheureuse jeune fille s'enfuit à travers les bois, les montagnes, franchit le Rhin, et arriva à Fribourg-en-Brisgau.
Adalric et le prétendant se sont lancés à la poursuite d'Odile,
comme des chasseurs à la poursuite du gibier; ils ont
repéré sa trace; ils gagnent du terrain... La fugitive est
cachée sur le Schlossberg qui domine Fribourg; la voilà
acculée contre un rocher, plus d'issue... Et Adalric arrive,
farouche, avec sa horde. Seigneur, ayez pitié d'Odile!
O miracle! Le rocher s'entr'ouvre derrière elle, elle s'élance

dans l'anfractuosité ; le duc bondit à sa suite, mais déjà la muraille s'est refermée. Arrêté par cet obstacle inattendu, il appelle sa fille ; le silence lui répond. Alors, comprenant la volonté divine, Adalric fait à haute voix le serment de ne plus contrarier la vocation d'Odile. Aussitôt, dit la tradition fribourgeoise, le rocher se rouvrit et rendit la fugitive à son père qui renouvela son serment et lui fit don de Hohenburg.

La légende est charmante, et c'est pourquoi je vous la raconte ; mais, je le répète, ce n'est qu'une légende. Historiquement, Adalric n'empêcha pas sa fille de se consacrer à Dieu, mais ce n'est qu'un certain temps après son retour en Alsace qu'il lui fit don de Hohenburg.

N'oublions pas que ce don d'un grand seigneur à sa fille fut une remise de caractère féodal ; de pareils dons étaient enregistrés dans des chartes authentiques scellées au sceau du seigneur, vrais actes de propriété conservés dans les archives du couvent ; plusieurs de ces chartes sont parvenues jusqu'à nous et ont un caractère vraiment original ; mais nous ne possédons pas celle qui fit de Hohenburg un couvent de femmes.

Voici donc Odile abbesse, à la tête d'une nombreuse communauté. Nous ne savons pas exactement quelle fut la règle qu'elle donna à ses religieuses. Elle devait en tous cas être conçue dans un esprit très large. Le climat est rude dans les montagnes d'Alsace ; en outre, ce Hohenburg, où l'on semble si près du Ciel, avait un grave inconvénient : il fallait aller chercher l'eau bien loin. Cette question de l'eau est primordiale pour les ermites et les fondateurs de couvents ; la source, le ruisseau, le lac, jouent un grand rôle dans l'histoire de saint Calais, de saint Colomban, ou du mont Saint-Michel. Il fallait vraiment que Hohenburg eût des avantages extraordinaires pour que Celtes, Romains, Alsaciens et religieuses s'y soient succédé malgré la difficulté de se procurer de l'eau. Aussi, lorsque Odile réunit ses sœurs pour décider avec elles de la règle à observer, insista-t-elle pour ne pas en adopter une dont les austérités, les macérations, seraient doublées par la rigueur du climat et le souci de la question d'eau.

Odile employa dix années à la construction et à l'installation du monastère. Adalric mourut dès les débuts de l'entreprise, probablement en 690. Le violent seigneur ne s'était jamais consolé des crimes que ses emportements lui avaient fait commettre, et surtout du meurtre de Hugon. L'austérité de son repentir ne l'avait pas entièrement purifié et Odile, désolée, eut la révélation que son père était toujours dans les tourments du Purgatoire. Son amour filial, son cœur de chrétienne et de religieuse, ne pouvaient supporter une telle pensée ; elle ne devait avoir de cesse qu'elle n'eût conduit son père en paradis. Prières, veilles, jeûnes, austérités, rien ne coûta à son ardente charité. Un jour qu'elle s'était retirée seule sur la montagne, pour veiller et prier, comme le Christ en agonie, le ciel s'ouvrit, une lumière divine l'enveloppa, illuminant tout autour d'elle, et une voix mystérieuse dit à son esprit :

« Odile, écarte de ton âme angoisse et affliction ; par tes prières, ton père a trouvé grâce devant Dieu.

— Je vous remercie, Seigneur, de ce que vous avez accordé, non à mes mérites, mais à mes supplications ! »

V

L'âme désormais libérée de toute angoisse, Odile peut se consacrer toute à son œuvre. Cette œuvre, c'est, matériellement, le cloître, l'église du couvent, les chapelles Saint-Jean-Baptiste, de la Croix, des Anges, des Larmes ; au point de vue moral, c'est l'éducation et l'instruction de ses nonnes, le soulagement des pauvres qui l'amènera à fonder Niedermunster, et surtout ce je ne sais quoi de mystérieux, de surnaturel, qui flotte encore sur le mont Sainte-Odile, s'épand sur l'Alsace entière, l'imprégnant de la sainteté de la fille d'Adalric.

En souvenir du miracle de son baptême, Odile honorait tout spécialement saint Jean-Baptiste. Elle voulut élever en son honneur une chapelle au couvent. Désirant savoir du Précurseur lui-même où la construire, elle s'en alla seule, en un lieu retiré, et se prosternant sur une grande dalle, se mit en prières. La nuit enveloppait la montagne; une à une, les étoiles s'allumaient au ciel sans dissiper l'obscurité. Or, une religieuse chargée d'appeler les sœurs pour l'office de Nocturne, vint lire l'heure aux étoiles. Quelle ne fut pas sa surprise en voyant le ciel embrasé d'une grande lueur; craignant sans doute un incendie, elle s'approcha avec précaution. Épouvantée, comme les apôtres sur la montagne sainte, elle courut se cacher en sa cellule : elle avait vu Odile resplendir dans la lumière, embrasée de foi et d'amour, conversant avec saint Jean-Baptiste.

La religieuse confessa probablement son indiscrétion à son abbesse; celle-ci, effarouchée dans son humilité, lui interdit d'en parler à qui que ce fût; puis simplement : « La clarté que tu as vue, ma sœur, émanait du glorieux Jean-Baptiste; il m'a parlé et m'a ordonné de lui construire une chapelle en ce lieu. »

L'endroit désigné, abrupt, d'accès difficile, fut le siège d'un incident extraordinaire. Des bœufs unis par le joug hissaient péniblement sur la montagne un char de pierres de construction; soit que ces animaux, au pied très sûr pourtant, aient glissé, soit que le char fût mal équilibré, le tout roula dans une combe de vingt-cinq mètres de profondeur; chute terrible, beuglements lamentables, fracas de pierres arrachées, cris d'effroi des religieuses, imprécations des ouvriers, arbres brisés au passage... J'entends tout cela! Tout en gémissant et maugréant, les paysans se précipitent dans la descente, non pour relever l'attelage, mais pour achever les bœufs, évidemment assommés; mais colère et gémissements se changent soudain en actions de grâces : les bœufs sont sans blessures, le char est intact et le chargement n'a pas bougé! Prodige manifeste, et plus manifeste encore lorsqu'on voit les bœufs remonter paisiblement un sentier presque inaccessible pour gagner le chantier.

Le monastère est terminé; la vie y est à la fois active et contemplative; du sommet de Hohenburg, il semble que les religieuses planent au-dessus des convulsions et des bouleversements de ce monde mérovingien qui sombre dans la honte. Et pourtant, servante de Dieu, Odile saura descendre de sa montagne sanctifiée pour secourir les misères qui ne peuvent monter jusqu'à elle. C'est ainsi que le Christ, après s'être montré plein de gloire à Pierre, André et Jean, ne dédaigna pas de se pencher sur les plaies les plus répugnantes, sur les vices les plus repoussants. L'austère religieuse qui avait pour lit une peau d'ours, pour oreiller une pierre, qui se nourrissait, dans cet air âpre et froid, d'un peu de pain d'orge et de quelques légumes, dont les genoux et les larmes creusaient peu à peu la pierre sur laquelle elle priait, assembla un jour ses religieuses.

« Vous avez dû remarquer, mes sœurs, que les difficultés d'accès de notre montagne empêchent bien des malheureux de venir jusqu'à nous, et en privent un grand nombre des soins et des secours que nous voudrions leur accorder. C'est pourquoi je désirerais, si c'est votre sentiment, faire élever sur le versant inférieur de ce mont un édifice hospitalier pour les recevoir. »

Les sœurs acquiescèrent; une habitation, une église, s'élevèrent, enfin une maison de retraite pour les religieuses. Et c'est ainsi que naquit Niedermunster (le monastère d'en-bas).

Tandis que sainte Odile s'occupait de ces travaux, un homme se présenta devant elle, tenant trois branches de tilleul. « Maîtresse, dit-il en saluant, accepte ces trois branches et plante-les ici, pour qu'elles perpétuent ta mémoire. » Odile prit les branches; une religieuse, effarée, se pencha vers elle.

« Ne les plante pas, maîtresse, car des tilleuls sortent souvent des vers dangereux.

— Ne te trouble pas, ma fille, jamais le moindre péril ne viendra de ces arbres. »

Et elle les planta au nom du Père, du Fils, et du Saint-Esprit. Les branches devinrent de grands arbres au feuillage léger, au parfum enivrant, qui fournirent pendant des siècles une ombre rafraîchissante aux pèlerins ; deux de ces tilleuls périrent dans un incendie en 1681 ; le troisième vécut jusqu'au milieu du XVIIIᵉ siècle. Qu'ils devaient être grands et beaux, les tilleuls de sainte Odile ! Mais ils ne pouvaient vivre alors que la Révolution détruisait tout autour d'eux !

VI

Odile, qui eût tant aimé vivre humble, ignorée, voyait les miracles se multiplier sous ses pas, à son attouchement, à ses prières. Nous avons vu son père délivré par son intercession des peines du purgatoire ; nous avons vu de modestes animaux privés de raison préservés de la mort parce qu'ils collaboraient à son œuvre. Laissez-moi vous citer encore deux ou trois traits qui firent, de son vivant même, éclater sa sainteté.

Je vous ai dit que le grand inconvénient de Hohenburg était le manque d'eau ; il fallait, au prix de grandes fatigues, aller au loin la puiser. Un jour, l'abbesse descendait du couvent ; elle marchait d'un pas rapide, en montagnarde habituée aux chemins escarpés, appuyée sur un fort bâton, lorsqu'elle vit un malheureux que ses forces avaient trahi dans son ascension de Hohenburg, et qui gisait sur le sol, à demi-mort de fatigue et de soif. Odile, pitoyable, se pencha sur lui, le souleva : hélas ! il faudrait de l'eau pour rafraîchir ses tempes, humecter ses lèvres. Odile n'a rien. La forêt sauvage l'enveloppe ; des rocs stériles surgissent du sol ; la sainte se redresse, pleine de foi ardente et de charité, prend son bâton, en frappe fortement un rocher... L'eau se fraye tout aussitôt un passage dans la pierre, et coule, abondante, limpide, sauvant la vie du pèlerin. Et depuis ce jour, jamais elle ne cessa de sourdre du rocher surmonté d'arbres droits et vigoureux.

Nulle plaie, nulle misère, ne rebutait Odile. La sœur portière vit une fois tomber d'épuisement devant le monastère un lépreux, c'est-à-dire un homme atteint de la maladie la plus redoutable que connût le moyen âge, la plus répugnante, la plus contagieuse. Les sœurs, malgré leur charité, ne pouvaient surmonter le dégoût que leur causait l'horrible odeur que dégageait le malade. Enfin, l'une d'elles s'en fut prévenir la mère abbesse qui accourut. Elle, ne connaissait ni le dégoût ni la répulsion. Le lépreux mourait d'inanition ; elle lui fit préparer des aliments, le servit elle-même ; puis le voyant ranimé, comme jadis sainte Radegonde, comme plus tard saint François, elle se pencha sur lui, baisa les chairs rongées, en suppliant le Seigneur de guérir ce lépreux, Lui qui en avait guéri dix un jour près de Jérusalem. Et au contact des lèvres pures, le malheureux, tressaillant, se releva miraculeusement guéri.

Cette ardente charité ne se dépensait pas toute au dehors ; les religieuses de Hohenburg en éprouvaient chaque jour les bienfaits sans qu'il y eût besoin de miracles pour les signaler. Un jour pourtant éclata à leurs yeux la puissance que Dieu déléguait à sa servante, et ce fut en faveur d'une de ces petites misères de la vie quotidienne, comme pour nous montrer que rien n'est petit, rien n'est indifférent aux yeux de la Providence.

« O ma maîtresse, vint dire, tout effarée, une servante du monastère, j'ai voulu donner un peu de vin à l'une des sœurs pour la soutenir, et n'ai pu en trouver. Il ne reste rien de la mesure quotidienne. Que faire ? »

Odile sourit à cette préoccupation terrestre : « Retourne à ton service, ma fille, et ne t'inquiète pas ; le Christ qui a nourri des milliers d'hommes avec cinq pains d'orge et deux poissons saura, s'il le veut, multiplier la mesure qu'il nous accorde ; cherche d'abord le royaume de Dieu et sa justice, et toutes choses te seront données par surcroît. Va. » La servante obéit. A l'heure de la distribution du vin, elle s'approche en soupirant de la jarre où restait à peine une burette du précieux liquide, et peut à peine la soulever tant elle est pleine ! Effrayée, transportée d'admiration, la servante se précipite chez Odile et lui conte le prodige. Celle-ci alors, très émue, rassemble les religieuses, et très simplement : « Rendez grâce au Seigneur Jésus-Christ qui ne délaisse pas celles qui espèrent en lui et qui a daigné augmenter la mesure du vin, afin que vous puissiez, sans vous plaindre, avoir les forces nécessaires pour vous acquitter de votre service. »

Odile rendait grâce à Dieu qui multipliait le vin pour ses sœurs, qui soutenait leurs forces ; mais, tandis qu'elle s'occupait du corps comme de l'âme de ces pieuses vierges, elle-même, s'épurant de plus en plus, châtiait rudement sa chair, redoublait d'austérité en dépit de son grand âge ; la lame usait le fourreau. Odile eut alors la révélation que le moment du repos allait enfin sonner pour elle, et reçut cette nouvelle avec joie.

Elle convoqua ses sœurs dans cette chapelle Saint-Jean-Baptiste qu'elle aimait entre toutes. Là, elle leur fit ses adieux, ses suprêmes recommandations, exalta à leurs yeux la vie contemplative. Elle se recommanda, elle et ses parents, à leurs prières, puis demanda qu'on la laissât seule. C'était au début de l'hiver ; la neige enveloppait Hohenburg, l'isolant du monde extérieur, l'éclairant de son blanc rayonnement ; paix, lumière, silence !

Les religieuses se rendirent au chœur et commencèrent le chant des psaumes. L'office terminé, elles retournèrent à la chapelle. Un parfum suave et pénétrant s'en échappait et se répandait doucement à travers le couvent ; elles entrèrent. Odile, étendue sur les dalles, souriant à la mort comme elle avait souri à la vie, dormait son dernier sommeil. Les religieuses tombèrent à genoux près de leur abbesse, se lamentant de n'avoir point assisté à l'envolée vers le Ciel de cette âme angélique, désolées surtout que la sainte femme n'eût pas une dernière fois communié au corps et au sang du Christ. Dans l'exaltation de leur douleur, elles supplièrent le Ciel de rendre un instant la vie à leur supérieure. Alors, dit une pieuse légende, Odile rouvrit les yeux, se tourna vers ses compagnes.

« Pourquoi avoir supplié le Seigneur de rendre à mon âme le poids dont elle était délivrée? Je jouissais déjà d'un bonheur tel que la langue ne peut l'exprimer, l'oreille l'entendre, l'œil le voir! »

Les religieuses, saisies à la fois de joie et d'épouvante devant ce miracle, répondirent en tremblant :

« Nous avons agi ainsi, ô notre mère, pour que ne pèse pas sur nous l'accusation de t'avoir laissé partir sans viatique. »

Alors Odile, se ranimant, demanda le calice contenant les saintes espèces; elle communia pour la dernière fois, puis, inclinant la tête, s'endormit à jamais dans le grand silence de l'hiver. C'était le 13 décembre 720.

Le corps d'Odile fut déposé à droite de l'autel de cette chapelle Saint-Jean-Baptiste où elle voulut mourir. Ses reliques y sont encore.

Hohenburg connut des jours glorieux : Charlemagne, Louis le Débonnaire, maints empereurs et rois, vinrent vénérer les restes d'Odile. Mais la montagne sainte fut la proie de toutes les invasions qui ravagèrent l'Alsace : Hongrois et Bulgares pillèrent le couvent; les guerres allemandes, anglaises, bourguignonnes, le dévastèrent et l'incendièrent; le calice précieux qui servit à la dernière communion d'Odile disparut dans les affres de la guerre de Trente ans... La sainte reposait toujours en sa chapelle. Vint la Révolution avec son cortège de spoliations et de crimes. Hohenburg fut vendu comme bien national. Un courageux citoyen s'empara secrètement des reliques et les déposa dans la petite église d'Otrott. Six ans après elles rentraient solennellement dans l'antique chapelle ruinée qui les abrite toujours.

Et de toute l'Alsace, et de bien plus loin que l'Alsace, les pèlerins font chaque année l'ascension du mont Sainte-Odile; ils vont entre les sapins qui s'élancent vers le ciel, droits et fermes comme l'âme d'Odile; et là-haut, dominant la fière Alsace, près du mur païen, du castellum romain, du monastère alsacien, ils s'imprègnent du suave parfum mystique qui flotte dans l'air respiré par sainte Odile.

DIXIÈME RÉCIT

SAINT AUBERT, EVÊQUE D'AVRANCHES

(VIIIe SIÈCLE)

« Ce lieu a été fait de la main de Dieu ;
c'est une demeure sacrée d'un prix ines-
timable ; elle est exempte de toute souil-
lure. »

Jadis, l'immense forêt de Scissy élevait ses frondaisons là
où vient mourir aujourd'hui la baie de Cancale ; forêt fraîche
et humide, aux rochers moussus, qui fut peut-être forêt
sacrée des druides. Puis, les dieux latins chassèrent les dieux
celtiques. Deux « montagnes » rocheuses semblaient person-
nifier ces dieux des deux races : l'une s'appelait le mont Jou
(*Jovis*, Jupiter), nom que nous retrouvons fréquemment
dans tous les pays soumis aux Romains ; l'autre, le mont
Bélen, était certainement consacré à Bel, le dieu gaulois.

Au ve siècle, des chrétiens, avides de fuir les convulsions
de l'empire romain agonisant, et de se consacrer entièrement
à Dieu, des ermites, se réfugièrent en la solitaire forêt de
Scissy. Le bruit du vent dans les branches, le murmure
lointain des flots, accompagnaient leurs prières et leurs
méditations. La juridiction de l'église d'Avranches s'étendait
alors sur les deux rives du Couësnon ; l'évêque saint Pair
régularisa la vie des religieux qui succédèrent aux premiers
ermites ; des cabanes, peut-être des cellules aménagées dans
les rochers, s'élevèrent près des montagnes. Il semble que
la forêt de Scissy n'ait pas cessé du ve au viiie siècle d'être
habitée par quelques moines relevant de l'évêque d'Avran-

ches, et ayant deux oratoires, l'un au mont Jou, l'autre au mont Bélen, et dédiés à saint Etienne et à saint Symphorien.

Jamais encore je ne vous avais parlé de cette région éloignée ; on pourrait croire que les invasions, les guerres civiles ou étrangères, les querelles des Mérovingiens épargnaient le diocèse d'Avranches. Il entre dans cette histoire au déclin d'une époque. Et pourtant, il marque l'aube de temps nouveaux. Rien en Occident n'égalera la splendeur de ce dont je vais vous conter l'origine.

Détournons-nous un temps des rois fainéants et des maires du palais. L'évêque Aubert gouverne l'église d'Avranches. Nous ne savons ni quand il est né, ni quand il est mort. Mais nous connaissons son œuvre, œuvre dont il ne soupçonna pas la portée.

En 708, saint Aubert administrait assez paisiblement son diocèse, lorsqu'une nuit un ange éblouissant de lumière lui apparut. « Aubert, serviteur de Dieu, en vérité je te le dis : moi, l'archange Michel, vainqueur de Satan aux premiers jours du monde, je t'ordonne d'élever sur ces monts de Jou et de Bélen, jadis consacrés au démon, un sanctuaire en mon honneur, où Dieu sera glorifié comme il doit l'être ! » La vision disparut et saint Aubert s'éveilla fort troublé.

L'archange saint Michel lui avait-il réellement parlé ? Ne fallait-il pas voir dans cet ordre un rêve sans importance ? L'évêque tâcha d'écarter le souvenir de la radieuse apparition et vaqua aux affaires du diocèse. Mais deux fois encore le chef des milices célestes se manifesta ; deux fois il lui renouvela l'ordre de construire une église en la forêt, et comme Aubert, éperdu, ne savait à quoi se résoudre, à la troisième fois, saint Michel ajouta : « Puisque tu doutes encore de ta mission, voici à quel signe tu reconnaîtras que ce que je te dis n'est pas une vaine imagination : va dans la forêt de Scissy, à l'heure où la rosée du matin scintille sur la verdure ; tu trouveras un rocher absolument sec au milieu de l'humidité générale. C'est là que je veux un sanctuaire. »

Cette fois, Aubert ne douta plus. Et dès son réveil, il partit

Mais les rochers ont frémi au contact de l'innocent.

pour la forêt avec des clercs. Je pense qu'ils fouillèrent longtemps avant de découvrir le coin miraculeusement sec sous
ces ombrages épais, sous la mousse qui tapissait les roches
comme la terre. Mais soudain se présenta à leurs yeux l'endroit prédestiné : rocs sauvages, inaccessibles, et où la plus
modeste construction devait être impossible à établir. Mais
Aubert n'admettait pas d'obstacle à la volonté de l'Archange.
Il mit immédiatement des ouvriers en chantier. Abattre des
arbres, déraciner des souches, aplanir le terrain, n'était
rien ; je vous ai déjà montré des moines accomplissant des
œuvres semblables. Tous ces premiers travaux n'étaient toutefois que des travaux d'approche. On ne pouvait rien entreprendre d'important tant que n'auraient pas été déplacées
d'énormes roches à demi éboulées, arrêtées aux flancs de la
montagne. Vainement les ouvriers, avec leurs pics, leurs
crics, leurs leviers, essayèrent-ils d'ébranler ces masses
pesantes. Que faire ? Construire ailleurs ? Nul ne songea à
chercher un autre emplacement pour l'oratoire. Saint Michel
avait dit : « C'est ici. » Il n'y avait qu'à obéir. Mais quels
géants seraient assez forts pour déplacer ces blocs, les faire
rouler jusqu'en bas de la montagne, dégager la place ?

« Maître, quel est le plus grand dans le royaume des
cieux ? » avaient jadis demandé les disciples. Et le Sauveur,
appelant un petit enfant, leur avait répondu : « En vérité, je
vous déclare que si vous ne devenez comme de petits enfants,
vous n'entrerez pas dans le royaume des Cieux ! »

Regardez ce saint évêque, homme de bonne volonté, et
qui se heurte à un obstacle matériel infranchissable ; regardez
ces ouvriers habitués aux plus durs travaux, mais qui ne
savent comment faire.

Que se passa-t-il ? Je ne sais pas au juste. Je pense que,
des environs, la foule se pressait autour des travaux ébau-
chés, attirée surtout, probablement, par la vue des difficultés
insurmontables que rencontrait la volonté de l'Archange. Un
tout petit enfant regarde comme tout le monde, blotti contre
sa mère ; ses yeux sont limpides comme l'eau de l'Océan ; il
contemple avec surprise ces amas de rochers que ne peuvent

ébranler ces hommes, si grands et si forts pourtant ; il contemple l'évêque dont le visage reflète l'angoisse. Le petit Bain sourit, et ce sourire illumine la figure enfantine ; il quitte sa mère, s'avance vers les travaux, donne un coup de pied à la masse imposante. Quelques ouvriers sourient. Mais les rochers ont frémi au contact de l'innocent. Personne ne sourit plus. Ses cheveux blonds soulevés par le vent de la forêt, dominant tous ces hommes impuissants, Bain pousse légèrement les blocs qui glissent, qui fuient, qui roulent les uns sur les autres, dégageant la plate-forme où doit s'élever l'oratoire.

Et l'évêque, les clercs, les terrassiers, tremblants, contemplent cet ange suscité par l'Archange !

Tandis qu'on édifiait l'église, Aubert envoya deux clercs au mont Gargan, dans la Pouille, pour en rapporter des reliques. Là s'était jadis manifesté saint Michel et son culte était en grand honneur. Les messagers partent donc pour leur long et dangereux voyage ; songez que le désordre était inextricable en France et en Italie : guerres civiles, usurpation de pouvoir, invasions arabes, invasions lombardes, Sarrasins établis en Provence, etc. C'est à travers ce chaos que cheminent nos deux messagers. Ne vous étonnez donc pas s'ils mirent une année entière à leur expédition.

Enfin ils reviennent ! Les voici presque au but ; ils vont pouvoir déposer en l'oratoire de saint Michel un fragment du marbre sur lequel se reposa le chef des milices célestes lorsqu'il se manifesta au mont Gargan, un morceau du manteau qu'il laissa dans la grotte.

Les Avranchais voyagent à petites journées, rassurés désormais sur le succès de leur mission ; les horizons doux et paisibles de Neustrie les reposent de ces montagnes effroyables qu'il leur fallut traverser deux fois, de ces paysages violents, trop beaux, trop lumineux, trop exubérants, de Lombardie et de Pouille. Déjà ils reconnaissent maints lieux, sourient au langage roman familier à leurs oreilles. Tout à l'heure, les ombrages de la forêt de Scissy les abriteront, ils seront au port !

Mais se seraient-ils trompés de route? Ils ne se reconnaissent plus. Le chemin qu'ils suivaient arrivait en pleine forêt, l'an dernier, et les voici maintenant sur la grève! La mer vient mourir à leurs pieds au lieu de murmurer au loin. Plus de forêt, plus d'ermitage, plus de route! Mais au milieu des flots, s'enlevant énergiquement sur la pourpre et l'or du soleil couchant, une montagne isolée, abrupte, que les vagues prennent d'assaut, un roc immense que couronne la chapelle de l'évêque Aubert!

Les deux clercs ne comprennent pas; ils arrêtent leurs chevaux, qui hument le vent du large. Que s'est-il passé? Ils ont peur, peur du silence, peur de la paix qui les entoure, peur de ce qu'ils ne savent pas! Tout est calme ce soir; le soleil baisse doucement sur la mer; quelques bateaux passent au large, allant à une pêche nocturne. Le mont Tombe est là, tout seul dans la mer. Les voyageurs frissonnent d'épouvante et tournent bride vers la terre. A Avranches (si Avranches existe encore!) l'évêque Aubert, s'il vit toujours, leur dira la vérité.

La vérité! Nous ne la connaissons pas d'une façon certaine. Qu'y a-t-il eu? Un raz de marée comparable à celui qui ensevelit Ys, avait-il, en une tempête d'équinoxe, anéanti la forêt, dont on retrouve encore des arbres sous la vase aux époques de basses eaux? Un tremblement de terre avait-il brusquement détaché le mont Tombe du continent? Nous l'ignorons. Les faits sont là, nous ne pouvons que les constater, et nous incliner sous la main de Dieu.

Le sanctuaire de saint Michel s'élevait désormais au milieu de la mer, défendu en outre par sa ceinture de sables mouvants. Le Couësnon a changé son cours et

> « ... par sa folie,
> Mis saint Michel en Normandie, »

Saint-Michel-au-Péril-de-la-Mer!

Aubert n'est pas mort. Muet d'épouvante, il a assisté au bouleversement de son diocèse; mais fidèle aux ordres de l'ange, il n'a point abandonné son œuvre. Il reçoit les reliques venues de si loin, et prépare tout pour la dédicace solennelle de l'église.

Fut-ce par terre, fut-ce par mer, qu'on se rendit à la cérémonie? Vous savez sans doute que la marée basse découvre entièrement le mont Saint-Michel, puis que la mer revient avec la rapidité d'un cheval au galop. Mais une procession a le temps de se dérouler depuis la terre ferme jusqu'à l'îlot entre le reflux et le flux.

Je me représente aussi bien toute une flottille transportant la population jusqu'au rocher sanctifié; une barque plus grande et plus ornée où monte l'évêque, avec sa mitre et sa crosse. Une procession par mer! Les reliques traversant le détroit; la croix, le saint Sacrement brillant comme un soleil d'or sous les feux de septembre. Le Christ à bord, avec ses apôtres, comme jadis sur le lac de Génésareth!

L'église est livrée au culte. Pour la garder, l'entretenir, Aubert fonde un collège de douze chanoines qui s'installent en ce lieu désert, entouré d'eau, privé d'eau!

Mais la foi de l'évêque en la puissance de Dieu est plus grande que celle de Moïse lui-même. Le prophète hébreu douta de la parole divine et frappa deux fois le rocher pour en faire jaillir l'eau vivifiante! Aubert frappe une seule fois la pierre de Tombelaine. La source fraîche qui en sort coule encore comme au premier jour.

Maintenant, la tâche du grand saint est achevée, et il ne se doute pas de son immensité. Les invasions, comme les flots, viendront battre la base du mont Saint-Michel sans pouvoir rien contre lui; à la vue des Normands, laboureurs de la mer, les Neustriens quitteront en foule le Cotentin et se réfugieront près de Saint-Michel. Un abbaye, une ville, s'élèveront sur l'étroit rocher; des remparts la ceindront; et dominant la mer, la mer immense, la mer sans limites, s'élevera la Merveille, véritable église aérienne, la Merveille, sanctuaire aimé de Saint-Michel-au-Péril-de-la-Mer, la Merveille, héritière de l'humble oratoire consacré à l'Archange!

SAINT ÉMILAND, ÉVÊQUE DE NANTES

(MORT EN 726)

> « Que des armées soient campées
> contre moi, mon cœur ne craindra rien.
> Qu'une bataille se prépare contre moi,
> c'est alors que j'espérerai. »

Vous connaissez tous, l'histoire de Roland, de son ami Olivier et de l'archevêque Turpin qui périt glorieusement avec eux dans les défilés de Roncevaux. Et peut-être, à la réflexion, trouvez-vous singulier que ce saint prélat chevauche avec l'armée, marche au combat, frappe d'estoc et de taille les Sarrasins maudits. Turpin, personnage légendaire et non historique, faisait là ce que firent bien d'autres évêques de son temps, et de tous les temps; car Richelieu, évêque de Luçon, dirigea personnellement les opérations du siège de la Rochelle. Et l'histoire que je vais vous raconter est celle d'un Turpin, d'un prédecesseur de Turpin qui périt cinquante ans avant Roncevaux.

Émiland était du pays de Nantes, aux confins de la Bretagne et du Poitou. A la fin du viiᵉ siècle, je n'ose pas vous dire que la vie y fût paisible; il me semble pourtant qu'on y était un peu à l'abri des guerres incessantes du monde mérovingien; les Saxons, établis en Grande-Bretagne, laissaient les côtes de France à peu près tranquilles; les

Normands n'étaient pas encore descendus jusqu'à l'Océan, et la menace arabe était bien lointaine pour les Nantais.

Émiland, noble, grand, beau, instruit et éloquent, gouvernait le diocèse de Nantes à l'époque où Charles-Martel, maire du palais et descendant de toute une lignée de maires du palais, tenait dans ses fortes mains les destinées de la Gaule et jetait un regard d'angoisse vers le Midi. Cent ans seulement s'étaient écoulés depuis que la vague musulmane, partie de la Mecque, avait déferlé sur l'ancien monde romain, et le peuple arabe, maître de l'Asie, de l'Afrique, de l'Espagne, infestant la Méditerrannée de ses pirates, venait battre le sud de la France, des Alpes à l'Océan. Il remontait le Rhône, dévastait la Provence, le Dauphiné, pénétrait en Savoie, en Bourgogne; traversant les Pyrénées, il s'implantait dans la Narbonnaise et l'Aquitaine, s'y retranchait fortement. Déjà la poussée irrésistible gagnait, avançait chaque année vers le Nord. Après la Garonne et Toulouse, il leur faut la Loire, puis la Seine, et Paris qui exerce déjà sa troublante puissance d'attraction.

Et c'est cette marée montante, c'est cette menace de plus en plus proche qui émeuvent le cœur d'Émiland! Des malheureux, fuyant devant l'invasion, remontant comme elle vers la Loire, ne laissent aucune illusion sur le sort des villes, des campagnes, des habitants surpris par les Arabes : pillages, incendies, massacres, esclavage. On n'a rien vu de tel depuis Attila. Bordeaux est aux mains des Sarrasins; Poitiers déjà les attire. Une fois sur la Loire, à Tours, ils ne seront pas longs à fondre sur Nantes, et le mal sera sans remède.

Le vaillant Émiland résolut alors de prévenir la catastrophe. Pour sauver Nantes, il fallait aller au loin chercher l'ennemi, le battre, l'anéantir, le forcer à repasser la Garonne.

L'évêque fit part de son projet, de sa tactique, au comte de Nantes, gouverneur au nom du roi. Celui-ci entra dans ses vues et, ayant étudié avec lui les moyens d'exécution, promit de le seconder. Alors fut prêchée dans la cathédrale

Émiland monte à cheval, botté, éperonné, casque en tête, bouclier au poing.

de Nantes une véritable croisade. Émiland ne se lassait pas d'exhorter ses fidèles à s'enrôler contre les païens. Il était éloquent, vous ai-je dit, et son zèle ne connaissait pas d'obstacles. Si le cri : « Dieu le veut ! » ne retentit pas à son appel, du moins les Bretons s'armèrent en foule à sa voix et formèrent une armée importante.

Mais avant de marcher au nom de Dieu, Émiland implore Dieu de marcher avec lui. Une messe solennelle réunit les volontaires dans la cathédrale. Dans la pompe de la liturgie catholique, la splendeur des ornements pontificaux, l'évêque-soldat célèbre le saint sacrifice, distribue à ses troupes le pain des forts... comme Turpin, dit la chanson de Roland, distribua la communion aux combattants de Roncevaux. Puis, comme Turpin, dépouillant la mitre et la crosse, Émiland monte à cheval, botté, éperonné, casque en tête, bouclier au poing. Le voilà volant à l'ennemi.

De quel côté se dirige-t-il? Où va-t-il arrêter le peuple conquérant? J'avoue ma surprise en retrouvant saint Emiland en plein Morvan. Est-ce une série d'engagements qui l'a peu à peu entraîné jusqu'à Autun? Ou bien l'évêque de cette malheureuse cité l'appela-t-il à son secours? J'en suis réduite aux suppositions. Mais les traditions autunoise et nantaise sont unanimes sur ce point : Émiland, évêque de Nantes, vint combattre les Sarrasins près d'Autun.

Ah! pauvre Autun! Que restait-il donc encore de toi pour exciter la convoitise des Arabes? N'avais-tu pas été pillée de fond en comble il y a cinquante ans, lorsque saint Léger se livra à Ebroïn? Saignée à blanc, vivant d'une vie languissante, il ne te reste que ton nom et ton antique renommée! Et c'est là ce qui attire invinciblement le nouveau conquérant.

Arrivé à Autun qui répare en hâte son enceinte ruinée, Émiland entend des nouvelles terrifiantes : les Maures remontent la vallée de la Saône; leur armée est divisée en deux fortes colonnes qui vont se rejoindre devant Autun. Fidèle à sa tactique : prévenir l'ennemi et non l'attendre, l'évêque paladin se porte immédiatement au-devant de la première colonne, à travers un pays accidenté entrecoupé de bois et d'étangs, offre le combat, taille les Arabes en pièces, extermine leurs chefs et disperse les débris de l'armée vaincue. Il me semble lire le récit de quelque guerre sainte de Jephté ou de David !

Rentré triomphant dans Autun, Émiland ne s'endort pas dans le succès. Il lui faut encore abattre la seconde armée qui s'avance, venant de Chalon-sur-Saône. Notre évêque, douze siècles avant que fût proclamée la formule : le meilleur moyen de se défendre, c'est d'attaquer, reforme ses troupes enivrées par la victoire, et s'élance au-devant de l'ennemi.

Au sortir d'Autun dans la direction de Chalon, ce sont des étangs sauvages, d'épaisses forêts traversées aujourd'hui par de grandes routes, autrefois par de simples pistes ; ce sont les Creuses, c'est Pierre-Luizière, Auxy, décor impressionnant, austère autant que celui de Roncevaux ! C'est là qu'eut lieu le choc des deux armées, des deux peuples, des deux religions, des deux mondes.

On vous a souvent décrit la bataille de Poitiers : les petits chevaux arabes tourbillonnant comme des mouches autour des géants francs, cette étrange bataille faite de petits combats, dans une grande plaine.

Dans la radieuse campagne morvandelle, l'innombrable armée arabe se jette sur les troupes réunies de Nantes et d'Autun, mêlée furieuse, combat gigantesque ! Les Francs disputent longtemps la victoire aux Sarrasins, luttent âprement au nom du Christ. Émiland, à cheval, brandit la croix, se jette au plus fort de la mêlée ; il pourfend de son épée le chef sarrasin, le renverse, le met hors de combat. Les Maures, à cette vue, redoublent leurs cris aigus, leur fantasia menaçante ; leur cercle infernal se rapproche toujours de l'évêque, l'enveloppe. Tout le drame de la bataille est concentré en ce point. Émiland se voit perdu. Excité par l'approche de la mort, par la certitude du martyre, il se redresse sur son destrier, se tourne vers ses fidèles Bretons : « En avant, pour le Christ ! Sus aux infidèles ! » Son sang coule par vingt blessures; il s'affaisse sur son cheval, il sent sur son visage l'haleine des ennemis qui le serrent. Par un sursaut d'énergie, il se redresse encore, ensanglanté, effrayant, véritable image du duel qui se livrera pendant des siècles entre Francs et Arabes. « Au nom de Notre-Seigneur, combattez toujours! Le Christ vous voit et vous ouvre le Ciel! »

Un chef à l'armure damasquinée, au manteau éclatant flottant au vent, s'élance sur lui. Son cimeterre trace un éclair sous le soleil. Émiland s'abat pour ne plus se relever. Le Maure se penche sur l'évêque, puis brandit en l'air, comme un trophée, la tête du martyr.

La mort de saint Émiland fut le signal de la déroute. Privés de leur chef, loin de leur pays, les Bretons se replièrent sur Autun, poursuivis par l'ennemi.

Un radieux soleil brille dans le ciel de septembre. Mais des tourbillons de fumée noire montent en nuées sinistres dans l'azur; des étincelles jaillissent de tous côtés, les flammes se tordent au grand vent du Morvan, des maisons s'écroulent avec fracas. Là-haut, sur la colline, une tour se détache énergiquement au milieu de l'incendie, la tour de saint Léger. Les remparts romains résistent au feu; les portes antiques surgissent comme des fantômes dans le désastre; quelques habitants errent épouvantés parmi les décombres.

Là-bas, sur la route de Chalon, au delà de la porte de Marbre, un tourbillon de poussière se dissipe lentement. Les Arabes ont passé.

Autun est morte! Augustodunum, émule et sœur de Rome, patrie d'Eumène et des écoles méniennes, Autun de saint Bénigne, de saint Symphorien, de saint Germain, de saint Léger, en vain un ardent évêque est venu d'Armorique pour te sauver; son corps mutilé gît dans la campagne dévastée, et tu n'es plus que ruines dans les cendres. Tes trésors sont dispersés, ton peuple est esclave! Autun est morte, entraînant dans sa tombe saint Émiland, évêque et martyr!

« Votre fille n'est pas morte, disait Jésus au prêtre Jaïre, mais elle dort! » Autun dormit longtemps, enveloppée de

forêts et de déserts ; elle se réveilla un jour pour accueillir
et conserver les reliques de Lazare, le ressuscité du Christ.
Et de même qu'elle vénère saint Lazare, son patron, saint
Symphorien, son premier martyr, saint Léger, son grand
évêque, de même elle garde un pieux souvenir à saint Émiland, son chevaleresque défenseur, patron du village qui
s'éleva au lieu de la bataille.

DOUZIÈME RÉCIT

SAINT GÉRAUD, Comte d'AURILLAC

(836-909)

« Tandis que les ténèbres couvriront
la terre, et qu'une nuit sombre envelop-
pera les peuples, le Seigneur se lèvera
sur toi. »

I

L'empire de Charlemagne se morcelle; des mains débiles
de Louis le Débonnaire, le sceptre passe entre les mains
plus débiles encore de Charles le Chauve. Des Barbares de
toutes races menacent nos frontières retrécies. Ducs et
comtes, échappant à l'autorité royale, se taillent des fiefs
héréditaires. La guerre et l'anarchie s'installent au sein de
cette France naguère si puissante. Ambitions, pillages,
rapines, se multiplient partout. « Chacun pour soi » semble
la devise universelle; un bas peuple écrasé, une noblesse
cruelle et cynique, un clergé désorganisé, la terreur et le
désordre partout, une atmosphère d'orage et de catastrophe,
semblent déjà réaliser la sombre prophétie : « Les vertus des
cieux seront ébranlées. »

Mais sur ce fond noir, oppressant, se détache une
figure radieuse : Géraud, comte d'Aurillac, suscité pour
montrer aux hommes que Dieu est toujours avec ceux de
bonne volonté.

C'était un enfant de sept ans quand le traité de Verdun

consomma la ruine de l'œuvre de Charlemagne, un fils de
seigneur, né dans les âpres montagnes du Cantal. Il gran-
dissait en quelque manoir (car le château-fort n'est peut-
être pas encore né), en quelque ville fortifiée, entourée de
bâtiments de ferme, peuplée d'un monde d'hommes d'armes
et de serfs. Il devait avoir bien froid, le petit Géraud, en
dépit des troncs d'arbres qu'on n'épargnait pas dans les che-
minées rustiques, de l'épaisse couche de paille dont on jonchait
le sol des salles, des lourdes portières qui cachaient les
étroites fenêtres par où passait une ombre de jour, des vêtements de grosse laine et de fourrures qui l'enveloppaient !

En hiver, quand le vent d'Auvergne hurle sinistrement
dans la montagne, que la neige se colle aux murs, couvre le
sol et interrompt les communications, l'enfant reste des
journées entières devant la flamme capricieuse ; assis par
terre, son bras passé autour du cou de quelque molosse, il
rêve, ou bien il écoute. Parfois quelques moines, chassés de
leurs couvents par une incursion barbare, viennent chercher
un refuge au manoir d'Aurillac, et tout bas ils content les
douleurs du pays de France ; ou bien ils redisent aux seigneurs comme aux serviteurs réunis la merveilleuse histoire
de Notre-Seigneur et de Notre-Dame. L'enfant écoute et
réfléchit. Son esprit, replié sur lui-même pendant les longs
mois d'hiver, s'épanouit brusquement au printemps. Alors
l'ivresse le saisit : le fils du comte bondit hors du manoir ;
chevaux, chiens et faucons sont ses amis ; il apprend l'équitation, s'exerce à manier la lance et l'épée, à commander
tout en restant soumis à une rude discipline. Mais l'idée de
combattre ne le séduit pas ; s'il rêve de pourfendre les Sarrasins, de lutter contre les Normands avec Robert le Fort,
c'est qu'ils sont des ennemis du Christ. Il n'ignore pas qu'il
a dans les veines du sang de saint Césaire, évêque d'Arles et
fils d'un comte de Chalon, et qu'à ce sang si pur se mêle
celui d'Arédius, le saint qu'à l'autre extrémité des monts
d'Auvergne on honore sous le nom de saint Yrieix.
Noblesse oblige ; il doit à ses aïeux d'être saint et pur comme
eux.

Il est bien petit encore, le fils du comte d'Aurillac, et
déjà il quitte le manoir paternel pour achever son éducation, « ses enfances, » près d'un seigneur plus puissant
encore que son père. Quel âge-t-il? Neuf ans, dix ans peut-
être, et déjà le voilà chevauchant à travers l'Auvergne et les
Cévennes; il s'en va vers les riches plaines de la Garonne
pour être le *nourri,* le page du duc d'Aquitaine, comme
nous avons vu jadis saint Léger ou saint Ouen nourris du roi
des Francs. A Montauban, ou Bordeaux, le jeune noble termine ses études. Bientôt l'équitation, la fauconnerie, l'es-
crime n'ont plus de secrets pour lui; avec ses compagnons,
avec son ami Guillaume d'Aquitaine, il lutte, il joute. Pour
savoir commander, il faut savoir obéir. Tous ces futurs chefs
sont soumis à une sévère discipline; les pages passent par
les plus humbles services; leurs instincts, à la fois brutaux
et chevaleresques, se font jour à mesure que s'éveille leur
intelligence, que leurs jeunes muscles se développent. Ne
demandez point à ces damoiseaux la courtoisie de leurs descendants du XIIIe siècle; ils respectent les dames, femmes de
ducs ou de comtes, j'allais dire de chevaliers; mais la che-
valerie n'existe pas encore, du moins telle qu'on a pu vous
la décrire. La paysanne, la serve, ne serait guère plus pour
eux que du bétail humain, si le chapelain n'était là pour
rappeler à ces fougueux adolescents que le Christ est mort
pour le serf comme pour le seigneur.

Guillaume d'Aquitaine écoute distraitement l'enseignement
du prêtre; la vie capiteuse, ardente, batailleuse, du féodal
primitif l'attire et bientôt le possède. Pour faire de lui un
solide chrétien, bienfaiteur de l'Église, fondateur de Cluny,
il faudra bien des années et l'amitié de deux saints : Géraud
et Bernon. Au contraire, Géraud boit les paroles divines,
s'en imprègne, se les assimile; il se dit que le devoir du
baron passe avant son droit, sa responsabilité, avant son
plaisir.

II

C'est un tout jeune homme, et le voilà investi de cette puissance redoutable dont il craint le fardeau; le comte d'Aurillac est mort, et à la faveur du désordre, de l'incohérence universelle, l'hérédité de la charge de comte passe aux fils comme des biens privés. Géraud, en ce siècle troublé, soupçonne encore à peine ce qu'est la vie, et le voilà grand seigneur, gouvernant toute une partie de l'Auvergne, ayant pouvoir sur des milliers de serfs, mais se considérant aussi comme ayant charge d'âmes.

Ses goûts le portaient vers la contemplation, l'étude et le recueillement; il lui fallait, dès l'aurore, et jusqu'au soir, s'occuper de mille soins : rendre la justice, distribuer le travail aux majordomes, refréner les pillages, les exactions, intervenir dans les guerres privées, veiller à la sécurité de ses paysans, protéger les clercs et les moines, tenir ses hommes d'armes en haleine, ne pas hésiter à partir en guerre pour son droit, en chasse pour sa subsistance. « Mais dès qu'il le pouvait, écrit saint Odon, il regagnait sa solitude pour méditer les saintes Écritures. Il ne prenait jamais son repos de la nuit avant d'avoir rendu au Seigneur l'entière possession de son cœur. »

Mais en dépit de ses aspirations à la vie parfaite, du travail intérieur auquel il se livrait incessamment pour combattre la violence native de ses instincts, Géraud avait jusque dans les moelles l'ardeur de ses ancêtres, ces nobles turbulents un moment domptés par Charlemagne, mais qui ne connaissaient plus pour leurs désirs ni frein ni loi.

Dans l'armée de domestiques et de serfs qui gravitaient autour de lui, Géraud n'avait pas été long à distinguer une jeune fille dont la beauté eût pu faire envie à plus d'une grande dame. Bientôt, le comte d'Aurillac ne se contenta pas de rencontrer sa vassale, il la rechercha, lui parla. Elle, fort troublée, ne savait que dire ; il est toujours agréable de savoir qu'on est belle et séduisante. Mais la pauvre fille ne savait que trop la distance qui la séparait de son admirateur. Lui, noble, puissant, maître incontesté d'un immense domaine, riche et brave, dont la colère eût fait trembler tout un peuple, se sentait faible et désarmé devant la serve, à peine plus qu'une esclave, qui s'en allait pieds nus, vêtue d'une cotte grossière, garder les troupeaux de son maître ! Il lui parlait, il arrêtait son cheval, parfois, pour recevoir son salut. Elle, se sentait palpiter comme un oiseau prisonnier dans une main d'enfant, et lui, naïvement cruel, torturait inconsciemment celle qui ne pouvait lui résister.

Géraud ne tarda pas à voir clair en lui, et s'épouvanta d'une situation qu'il jugea sans issue. Au IXe siècle, le temps n'était déjà plus où les rois épousaient des bergères ; cela n'arrive que dans les contes de fées, et je vous assure que la vie d'un baron féodal au temps des grandes invasions, du grand déchirement, n'avait rien du conte de fées ! Un seigneur d'Aurillac n'épousait pas une fille de basse condition, fût-elle belle et sage comme une sainte du Paradis. Par un prodigieux sursaut de volonté, Géraud se ressaisit. A l'image qui le poursuit, il oppose la douceur austère de l'amour de Dieu. Dieu l'a fait riche et noble. C'est comme s'il lui avait dit : « Pais mes brebis. » Un jour, il aurait à rendre compte au Maître du troupeau à lui confié, tâche sévère dont rien ne devait le distraire. Alors Géraud, considérant une autre face de son rôle de suzerain, chercha autour de lui l'homme digne de la jeune fille qu'il aimait, et la lui donna en mariage ; comme cadeau de noces de son seigneur, l'humble paysanne reçut sa charte de liberté et une terre en toute propriété.

C'est ainsi que Géraud, comte d'Aurillac, en un temps de passions déchaînées, savait se maîtriser.

Cette question de l'émancipation des serfs lui tenait au cœur ; la condition de ces malheureux, appartenant à la terre comme la meute ou l'équipage appartiennent au seigneur, révoltait l'âme de ce juste. Trop prudent et trop « de son temps » pour donner à tous leur liberté, il leur facilita le moyen de se racheter, multiplia les occasions d'en affranchir quelques-uns. Mais beaucoup, dit saint Odon, refusaient leur liberté, préférant rester sous le joug aimable.

Faire respecter les droits de chacun, et surtout les droits des humbles, de ceux qui n'osent élever la voix devant l'iniquité des grands, fut le perpétuel souci de ce baron trop oublié, précurseur de Godfroy de Bouillon. Oubli étrange, quand on voit comme Géraud d'Aurillac tranche sur la société de son temps, avide de pouvoir, de richesse, de jouissance, dédaigneuse des droits d'autrui, amoureuse de la force, s'exerçât-elle contre les lois divines !

Il est un autre point sur lequel ce grand féodal fut singulièrement en avance sur son temps : la charité. La charité a existé du jour où les disciples ont compris la divine parole : « Aimez-vous les uns les autres. » La charité marche discrètement dans l'ombre de l'égoïsme, réparant ou prévenant de son mieux les maux causés par le vice aux mille formes. Mais il semblait que la charité fût l'apanage exclusif de l'Église ; elle seule, évidemment, était organisée pour la faire fructueusement. Rois et barons donnaient généreusement des terres ou de l'argent aux couvents, surtout pour assurer des prières à leurs âmes farouches, mais combien s'inquiétaient de l'emploi de ces trésors ?

La grande originalité de saint Géraud fut certainement sa conception de l'assistance aux pauvres, et les conséquences de cette conception. Il consacrait la plus grande partie des revenus de son immense héritage en bonnes œuvres, mais non point au hasard. Chez cet homme ardent, tout était mesuré, ordonné. Une de ses terres procura leur nourriture aux pauvres ; cette autre dut leur fournir le vêtement, cette autre encore la chaussure. Je ne serais pas étonnée qu'une forêt fût affectée à la poutraison des cabanes et à leur chauffage. Mais cette méthode d'assistance peut être établie une fois pour toutes, puis fonctionner comme une

Voyez-le à la tête de ses hommes d'armes.

machine. Or, nul plus que Géraud n'exerça la charité personnelle sous sa forme la plus délicate : la bonté et l'amabilité.

Géraud chevauche à travers les campagnes pittoresques d'Aurillac. Dans un pauvre champ, une femme d'aspect misérable conduit péniblement une charrue. Quoi! personne pour enfoncer le soc dans la terre que foule un humble bourricot? Géraud arrête son cheval; la paysanne, interdite, redresse à grand'peine son buste endolori pour saluer son seigneur. « Que fais-tu? demande le baron ému. Ce n'est point œuvre de femme. — Mon homme est malade, seigneur; je n'ai point de fils, et il faut que le champ produise pour que nous puissions te payer notre redevance. — Ta redevance est le fruit d'un travail d'homme, et non de femme. Mais pour toi comme pour moi il faut le fruit de la terre. » Et, se tournant vers son majordome, Géraud ordonne qu'un homme soit payé pour travailler le champ jusqu'à la guérison du paysan.

Sa conduite n'était pas toujours comprise, il s'en faut, par ceux de sa maison qui, sans scrupules, en prenaient à leur aise avec les vilains, suivant en cela les mœurs générales de l'époque. Un jour, peut-être au cours d'une chasse, les serviteurs eurent ordre de dresser la table du comte sous un immense cerisier chargé de fruits, chez un paysan. Le maître n'était pas encore arrivé, et qu'importait aux jeunes pages le mécontentement du rustique propriétaire? Les voilà pillant à plaisir les cerises. Mais quelle ne fut pas leur honte lorsque, Géraud paraissant, le paysan osa se plaindre! Alors le clair regard du comte s'assombrit, son visage se durcit et, d'une voix sévère, il ordonna que réparation fût faite sur-le-champ et une indemnité payée. Je m'imagine que les jeunes étourdis durent rester interdits de la colère de leur maître; certes, ils n'avaient jamais vu attacher tant d'importance au bien ni même à la vie d'un serf; et pour des cerises, il leur fallait subir cette honte publique! Mais je m'imagine aussi que la leçon porta.

Et que devaient-ils penser, ceux qui suivaient Géraud à la

guerre? « Comment, direz-vous, ce saint faisait la guerre? »
Et tout ce que vous avez lu sur les guerres féodales vous
revient à la mémoire. Je laisse à saint Odon le soin de vous
répondre. « Que personne ne se scandalise en voyant un
homme juste recourir à la guerre. Abraham et David prirent
virilement les armes quand la cause de la justice l'a exigé.
Géraud, pour défendre les droits de ses sujets, savait
briser les entreprises des vivants qui voulaient opprimer les
faibles. »

Oui, Géraud fit la guerre, il la fit peut-être souvent, mais
sans oublier que la vie humaine appartient à Dieu et non au
baron. Voyez-le à la tête de ses hommes d'armes, dont beaucoup, nobles comme lui, commanderont un jour quelque
domaine. Une longue cotte de mailles l'enveloppe; un
casque de fer sans ornement enserre sa tête et sa nuque;
le nasal protège le nez, les mains sont recouvertes de gants
de mailles. Nous ne sommes pas encore au temps des cui-
rasses, des visières, des armoiries. Géraud s'élance, l'épée
haute, mais il ne frappera pas. Derrière lui, les soldats,
effarés, incrédules, marchent à l'ennemi et le pourfendent
non du fer mais du bois de leurs lances. Quel ordre
absurde, bon pour faire massacrer tous ceux d'Aurillac! Et
qui se raille le plus de Géraud, ses ennemis ou ses propres
soldats? Rappelez-vous que Gédéon sauva Israël avec une
armée de trois cents hommes, parce que Dieu était avec lui.
Ainsi Géraud, par des moyens insensés et qui semblent
aller contre son but (car il va certainement faire tuer
ses troupes), remporte non pas *une*, mais *des* victoires
complètes! Et nul ne se moque maintenant, dans l'un ou
'autre camp.

III

Suivons Géraud, maintenant, dans ce triste manoir aux étroites fenêtres où se passe sa vie, entre ses expéditions de justicier. Cet homme de bien, qui cherche avant tout le royaume de Dieu et sa justice, y connaîtra-t-il la paix ineffable, la paix des hommes de bonne volonté? Même pas, car Géraud est un saint. Un saint, c'est un ami de Dieu, une colonne de l'Eglise; c'est aussi le but des attaques du démon, du tentateur. Géraud, par lui, souffre dans sa chair, il souffre dans son esprit. « Seigneur, ne permettez pas que mes pieds chancellent, » peut-il répéter quotidiennement. Il a connu l'amour terrestre, et l'a repoussé; il a connu la grandeur et la puissance, et s'est humilié devant Dieu; il possède en abondance les biens de la terre; sa table est d'une simplicité monacale, et le riche baron jeûne souvent; de tournure élégante, le visage noble, pâli par les austérités, il est invité à rehausser sa beauté par l'éclat des bijoux et des ornements, la richesse des fourrures; ce n'est point à son vêtement qu'on le reconnaîtra pour chef.

Un désir ardent le consume : quitter tous ces biens dont le fardeau l'écrase, et sous le froc de moine, dépouillé de tout souci terrestre, chanter les louanges de Dieu et le servir en toute humilité. Certain de sa vocation. il va trouver le saint évêque Gausbert pour lui demander son approbation. La tête dans les mains, Gausbert écoute les confidences de Géraud. Ah! qu'il a envie, l'évêque, de crier : « Oui! la discipline de l'Eglisse défaille; les monastères, dévastés par les Normands et les Arabes, ne connaissent plus leur sainte règle! Viens, un fils tel que toi revivifiera l'Eglise! » Mais une voix secrète lui dit : « Non! l'œuvre que tu rêves sera celle d'un autre. Ce siècle barbare, aux passions violentes, aux mœurs désordonnées, a grand besoin de ce baron. Qu'il reste en son manoir. » Gausbert relève la tête ; Géraud attend son arrêt.

« Comte, Dieu m'a parlé. Il refuse le sacrifice que tu lui offres et t'en réclame un plus grand encore : celui de ta vocation ! Renonce au cloître, Géraud d'Aurillac. Reste sur tes terres. Ton peuple a besoin de toi. Songe à la grande pitié qui s'abattrait sur lui le jour où un couvent te recevrait. Sois moine si tu le veux, Géraud, mais que ton manoir soit ton monastère. Reste pur en ce siècle corrompu. Continue comme par le passé d'étudier les saintes Ecritures ; prie et jeûne ; châtie ta chair et chante les louanges de Dieu. Mais pour tous, sois le baron Géraud, comte d'Aurillac, le plus respecté des seigneurs d'Auvergne ! »

Aux paroles de l'évêque, Géraud, accablé de chagrin, a d'abord baissé la tête. Mais à cet appel généreux il se redresse soudain, les yeux brillant d'enthousiasme. « Sire Dieu, merci ! J'ai entendu votre appel. Vous me montrez, pour monter jusqu'à vous, un chemin plus rude que celui qu'avait choisi ma faiblesse. Mais avec votre grâce, je vaincrai. »

Moine dans le monde ! Il reçoit secrètement la tonsure monastique, mais la cache sous le flot de sa longue chevelure blonde ; les trois vœux des bénédictins, il les prononce dans son cœur : pauvreté, chasteté, obéissance. L'obéissance, il l'a pratiquée en acceptant de ne pas fuir le monde, un monde qui, à mille ans de distance, nous semble bien grossier, bien barbare, bien peu enviable, mais qui avait ses ambitions, ses jouissances, ses voluptés. La pureté de sa vie passée répond de l'avenir. La pauvreté... Être riche, puissant suzerain, en garder les apparences, et néanmoins être pauvre. Quel problème !

Le comte Géraud part pour Rome, humble pèlerin ; à cheval avec une escorte réduite, il traverse ses montagnes ; il lui faut éviter les Sarrasins qui tiennent le Midi de la France, franchir le Rhône, passer les Alpes ; sera-t-il plus en sécurité outre-monts ? Je n'ose pas le croire. Les pèlerinages aux IXᵉ et Xᵉ siècles m'ont toujours paru des prodiges, de vrais miracles.

Et qu'allait faire Géraud à Rome? D'abord, prier sur le tombeau du chef des apôtres; puis saluer le pape, représentant le Christ sur la terre; enfin, remettre à Mᵍʳ saint Pierre une charte solennelle par laquelle le sire Géraud, comte d'Aurillac et baron français, faisait don à l'Eglise de l'immense fief qu'il possédait autour de sa ville. Désormais, il se regarde comme l'administrateur de ces biens; dispensateur fidèle, il en emploiera le bénéfice au bien de l'Église, des pauvres, de ces moines chez qui il ne peut pas se retirer. Et pour bien montrer que son dépouillement magnifique n'est pas un vain geste, tous les deux ans Géraud recommencera son périlleux voyage à Rome, et comme un intendant vient rendre ses comptes à son maître, il déposera sur le tombeau de saint Pierre dix pièces d'argent.

Ce baron qui aimait tant le cloître et les moines consacre les dernières années de sa vie à l'érection d'un grand monastère bénédictin à Aurillac. Il le fit avec amour, bien que son cloître à lui dût être ce manoir fortifié où il étudiait solitairement les Écritures, chantant les psaumes et suivant de son mieux la règle de saint Benoît. Les religieux qu'il établirait en son domaine seraient ses héritiers, ses fils spirituels; ils prieraient pour lui quand son corps reposerait en terre. Trouver de *saints moines* qui peupleraient le monastère d'Aurillac fut la dernière ambition de Géraud. Hélas!

Un jour, je demandais à un tout petit garçon : « Qu'est-ce qu'un moine? » Il leva sur moi ses grands yeux, puis les abaissant, murmura avec une sorte de ferveur : « C'est un saint. »

A l'aurore du Xᵉ siècle, il fallait avoir l'âme de dix saints pour arriver à être un saint! Comment vous tracer un tableau assez vivant de ce siècle d'agonie? Les Normands remontent nos fleuves et sèment partout la dévastation; les moissons brûlent, les villages flambent; les villes dépeuplées sont abandonnées, et les donjons commencent à surgir dans les campagnes, centres de défense et de refuge. Les Arabes, sans cesse refoulés, reviennent sans cesse dans les vallées du Rhône et de la Garonne ; les Slaves forcent le Rhin, les Hongrois nous envahissent par l'est. A Rome, les révolutions aristocratiques font et défont les papes, ébranlant la discipline de l'Église ; les Bénédictins, remparts de la foi, désertent leurs couvents saccagés, fuient, fuient le Nord, et le Midi, et l'Est, et l'Armorique ! Les morts fuient avec les vivants. Les reliques des saints fondateurs, des saints évêques, sont ballottées à travers la France épouvantée. Dans cette vie aventureuse, plus de règles, plus d'abstinence, plus d'offices, jusqu'à quand ? Dans la détresse universelle, le Ciel est trop oublié. Je vous le dis : ceux qui furent saints en ces temps qui semblaient précéder l'avènement de l'Antéchrist, ceux-là furent vraiment les élus que rien n'ébranle !

« Si quelqu'un pouvait me donner des moines tels que je les voudrais, s'écriait saint Géraud, je consentirais de grand cœur à passer en mendiant le reste de ma vie ! »

Le couvent est construit. L'œuvre du saint baron touche à son terme ; Géraud a plus de soixante-dix ans ; bientôt les malades, les infirmes, ne viendront plus implorer leur guérison de celui qui se défend de posséder aucun pouvoir, mais par qui Dieu multiplie les miracles. Son ami d'enfance, Guillaume d'Aquitaine qui l'a maintes fois rencontré au cours de sa rude vie turbulente et aventureuse, sent à son tour l'influence bienfaisante de cet homme sans second et s'adoucit. L'œuvre s'achève.

Géraud est mort. Suivant son désir, son corps repose dans ce monastère qu'il aime mais qui n'est pas encore absolument conforme à son idéal de perfection.

Et la nuit, la nuit du xe siècle, enveloppe la France, nuit tragique, nuit effroyable, où vont luire, comme deux phares dans la tempête, l'abbaye de Cluny et l'hospice du Mont-Saint-Bernard.

TABLE DES MATIÈRES

42281. — 1929. — TOURS, IMPRIMERIE MAME

Fabriqué en France.